VALERIE VANGREVENINGE

ELIZABETH & PHILIP

L'HISTOIRE D'UNE VIE

Casa éditions

« Elle est retrouvée. Quoi ? — L'Éternité.
C'est la mer allée. Avec le soleil. »

Arthur Rimbaud, *L'Éternité.*

Direction artistique
Caroline Laleta Ballini / Studio So What Co., Ltd.
Martin Laignel pour la couverture

ISBN : 978-2-38058-106-5
Dépôt légal : Octobre 2020

Sommaire

CHAPITRE 1

Philippe, le sibyllin

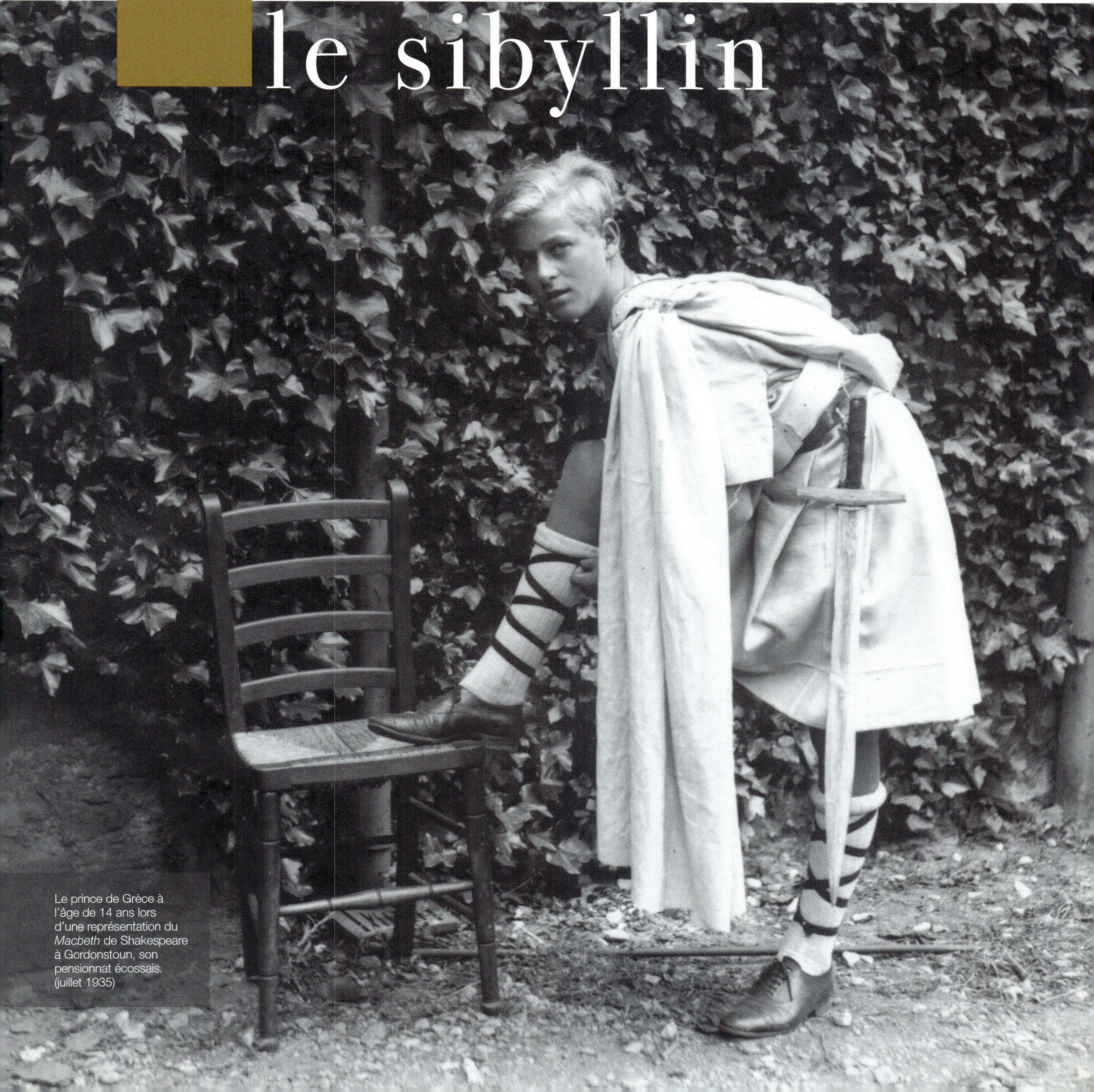

Le prince de Grèce à l'âge de 14 ans lors d'une représentation du *Macbeth* de Shakespeare à Gordonstoun, son pensionnat écossais. (juillet 1935)

Le prince Philippe, âgé de 1 an, sous le soleil éclatant de la Grèce

Alice, princesse de Grèce (1885-1969), épouse du prince André de Grèce (1882-1944), mère du prince Philippe, futur prince consort et duc d'Édimbourg. Née princesse Alice de Battenberg, elle est l'arrière petite-fille de la reine Victoria.

André, prince de Grèce, frère de Constantin Ier, roi des Hellènes jusqu'en 1922, père du prince Philippe, futur prince consort et duc d'Édimbourg

De ce côté-ci de la Manche, l'époux de la reine Elizabeth II, le prince Philip, est presque inexistant. Au mieux une ombre, une vague et longiligne silhouette sombre que l'on distingue parfois derrière la flamboyance vestimentaire de la reine. *Effacé, discret* et *flegmatique* sont les adjectifs les plus usités pour décrire celui qui accompagne (presque) partout la reine depuis plus de 70 ans. Mais *méconnu* ou *énigmatique* seraient sans doute des adjectifs plus justes pour le décrire, car contre toute attente, ce personnage historique, qui fêtera son centenaire en juin 2021, a vécu une vie plus romanesque et plus palpitante que bien des héros de la littérature anglaise.

C'est sur les bords de la Méditerranée, loin du fameux fog londonien, sur l'île émeraude de Corfou en Grèce, que naît Philippe, prince de Grèce et du Danemark, le 10 juin 1921. Une naissance à l'image de sa vie future, entre humilité et contradictions : le prince naît sur la table de la salle à manger du palais familial, appelé Mon Repos, un substantif à l'opposé du destin de ce futur prince consort.

Après avoir accueilli quatre filles au sein de leur foyer, la naissance de Philippe, premier fils du prince André de Grèce et de la princesse Alice de Battenberg, provoque une joie sincère. Mais la douceur de cette vie ensoleillée est de courte durée.

Dissimulé dans un cageot d'oranges transformé en couffin, Philippe, âgé de 18 mois, quitte précipitamment avec toute sa famille le paradis privilégié de cette île en mer Ionienne. Le Prince a, en effet, vu le jour dans un contexte politique tendu. En guerre contre la Turquie depuis 1919, la Grèce voit son roi, l'oncle de Philippe Constantin 1er de Grèce, abdiquer en 1922. Son père, le prince André, commandant de l'armée, est arrêté, jugé, déclaré coupable de désobéissance et d'abandon de poste face à l'ennemi, banni à perpétuité de la terre grecque et échappe de justesse à la peine de mort.

Deuxième en partant de la gauche, le prince Philippe tire à l'arc avec ses camarades de l'école américaine à Saint-Cloud, à côté de Paris.

Un départ à la hâte est alors organisé avec l'aide de la monarchie et du gouvernement britanniques (la princesse Alice est l'arrière-petite-fille de la reine Victoria et le prince André est cousin du roi Georges V). Lorsque l'on demande à Marguerite, l'aînée des enfants, d'évoquer ses souvenirs de cette période, elle convoque l'odeur de brûlé dans sa maison, la princesse Alice ayant alors ordonné à ses jeunes enfants de mettre au feu toutes leurs affaires personnelles comme une ultime référence à Homère : *« Laissons le passé être le passé »*.

Se succèdent alors pour le très jeune prince Philippe les étapes d'une véritable tragédie grecque : l'exil, l'errance, le dénuement et l'abandon.

La famille noble, mais désargentée, trouve d'abord refuge au palais de Kensington, en Grande-Bretagne, chez la grand-mère maternelle de Philippe, la princesse Victoria de Hesse-Darmstadt. Indésirable pour des raisons diplomatiques, la famille doit ensuite s'exiler en France, près de Saint-Cloud, dans une demeure que loue pour eux la princesse Marie Bonaparte.
Désorientée et traumatisée, la famille de Philippe ne survivra pas longtemps à l'épreuve du déracinement et du déclassement. La princesse Alice s'enferme dans la religion et le délire mystique jusqu'à déclarer avoir une liaison avec Jésus, quand le prince André tombe dans l'alcoolisme et le jeu, et multiplie les maîtresses, bien réelles celles-ci. Malgré tout, Philippe suit une scolarité régulière et épanouie dans une école américaine à Paris. Dans ses *Mémoires*, le directeur de l'établissement évoque le souvenir d'un petit garçon robuste, espiègle et sensible à la détresse des autres, toujours habillé du même chandail rapiécé et bien souvent contraint de rater la récréation, n'étant pas équipé d'un imperméable pour le protéger des intempéries.

Depuis quelques années déjà, le père de Philippe a quitté le foyer pour s'installer à Monaco avec l'une de ses maîtresses. En 1930, c'est sa mère qui va à son tour disparaître de sa vie. Alors âgé de 9 ans, Philippe part pique-niquer sans se douter qu'il ne reverra plus sa mère avant de longues années : diagnostiquée schizophrène par ses médecins, elle sera emmenée en cachette de son fils dans un sanatorium suisse où elle restera 5 ans. Tour à tour, ses sœurs quittent le foyer, épousent des aristocrates allemands, laissant le garçonnet seul et livré à lui-même alors qu'il n'a pas dix ans. Le naufrage de sa famille est définitif.

Le prince Philippe de Grèce portant un costume traditionnel grec
à l'âge de 9 ans

Le 4 août 1935, le prince Philippe fait ses premiers pas dans le monde du spectacle
en incarnant Donalbain, roi d'Écosse, dans le *Macbeth* de Shakespeare,
lors d'une représentation au pensionnat de Gordonstoun où il est élève.

« J'aimais beaucoup ma grand-mère, elle était toujours serviable. Elle savait s'y prendre avec les enfants [...] d'une façon très pragmatique. Elle les traitait de la bonne façon, avec un parfait mélange de raison et d'émotion. »

Prince Philippe

Pourtant, le prince Philippe répétera à qui veut bien l'entendre que ces années parisiennes furent les plus belles années de sa vie !
Sa grand-mère maternelle, Victoria de Hesse-Darmstadt et son oncle George Mountbatten décident alors de le rapatrier de nouveau au palais de Kensington, à Londres, où une vie plus douce commence pour le prince. Sa grand-mère l'emmène partout avec elle, de réceptions mondaines en cérémonies officielles, lui offrant de côtoyer les mêmes cercles que ceux de la famille royale. Mais l'idylle est de courte durée. Sa sœur Théodora le réclame en Allemagne pour intégrer l'internat créé par Kurt Hahn et Max de Bade, le père de son mari, visant à former une nouvelle élite intellectuelle.

Reconnaissant envers celle qui joua un rôle majeur dans son éducation, le prince Philippe restera toujours très attaché à la princesse Victoria : *« J'aimais beaucoup ma grand-mère, elle était toujours serviable. Elle savait s'y prendre avec les enfants [...] d'une façon très pragmatique. Elle les traitait de la bonne façon, avec un parfait mélange de raison et d'émotion. »*

Le prince quitte donc Londres pour l'Allemagne en 1933 et intègre la Schule Schloss Salem. Basé sur une discipline âpre et rigoureuse, le quotidien du jeune prince revêt une nouvelle fois les habits de l'austérité : réveil matinal à 5 h 30, douche froide, course à pied de 30 minutes par tous les temps... Pas de confort, pas de chauffage. Mais le jeune prince s'acclimate parfaitement, et même s'épanouit dans cet environnement strict. Son enfance agitée n'est sûrement pas étrangère à la formation de cette personnalité déterminée, courageuse et solide qui sait s'adapter à toutes les situations. Les principes éducatifs de cette école conviennent parfaitement au jeune homme. La valorisation de l'autonomie, de la prise de décision,

Lord Louis Mountbatten, oncle maternel du prince Philippe et cousin du roi d'Angleterre, avec Lady Mountbatten sur la terrasse du Miami Biltmore Country Club

de la démocratie et de l'éducation sportive trouve un écho chez celui qui manque cruellement de repères.

Mais 1933 est une année noire pour l'Allemagne. Et le régime nazi fait rapidement voler en éclat l'environnement stimulant du jeune homme. Kurt Hahn voit son école de Salem fermée par Adolf Hitler, sa méthode éducative contrevenant à l'idéologie nazie. Le pédagogue juif fuit l'Allemagne pour l'Écosse, emmenant avec lui ses théories, mais aussi son meilleur élève. Il y crée une nouvelle école dont le prince Philippe sera le meilleur représentant. Les conditions de vie spartiates forgent le caractère discipliné et résistant du prince. Il s'y édifie une âme de chef, de meneur d'hommes. Beau comme un dieu grec, plutôt scandinave pour être exact, sportif, capitaine de l'équipe de hockey et de cricket, le jeune homme passe des années si merveilleuses dans cet environnement où l'habileté, le dépassement de soi, l'initiative et le service aux autres sont placés au-dessus de tout, que bien des années plus tard, il y scolarisera son fils, le prince Charles, au plus grand désespoir du jeune garçon.

Exilé, sans patrie et presque orphelin, balloté entre la France, la Grande-Bretagne et l'Allemagne depuis sa plus tendre enfance, le prince Philippe fait de son environnement scolaire un substitut familial. Quelques figures tutélaires comme sa grand-mère Victoria de Hesse, ses oncles Georges et Louis composent un canevas familial, erratique certes, dysfonctionnel dirait-on aujourd'hui, mais qui sert de repères au jeune homme. Il ne se plaindra jamais de cette période, refusant de psychanalyser quoi que ce soit.

Les séjours réguliers chez son oncle George Mountbatten et sa tante « Nada » (fille d'un grand-duc russe et descendante du poète Pouchkine) enrichissent son initiation au grand monde en lui enseignant les rouages de la monarchie et

Le prince Philippe, particulièrement concentré lors de manoeuvres sur le gréement du voilier-école de Gordonstoun, vers 1938

Elizabeth n'a que 13 ans, mais elle tombe immédiatement sous le charme de ce jeune homme de 18 ans, beau, athlétique et charmant.
La gouvernante des deux soeurs, Marion Crawford racontera dans ses *Mémoires*, que « *Lilibet ne l'a pas quitté une seconde des yeux* ».

Le roi George VI entouré de son épouse la reine consort Elizabeth Bowes-Lyon, ses deux filles, Margaret (debout), Elizabeth (assise) et le fiancé de cette dernière, le prince Philippe, 1940

de la haute société. Le couple est excentrique et libre : lui est collectionneur d'images et d'objets pornographiques (qu'il léguera au British Museum !), elle, grande amoureuse des plaisirs sensuels sans distinction de genres. Les deux enseignent au jeune homme, presque sans le vouloir, un certain goût de la liberté.

Lord Louis Mountbatten, comme son frère George, s'est pris d'une sincère affection pour le jeune prince, voyant en lui le fils qu'il n'a jamais eu. L'officier de marine, capitaine de vaisseau de la Royal Navy, le prend sous son aile et se promet de faire du prince sans toit ni ressource un homme à l'ambition et au destin exceptionnels. En 1939, après six années d'études à Gordonstoun auprès de Kurt Hahn, Philippe entre à l'âge de 18 ans à Dartmouth, l'école de la Royal Navy, grâce à son oncle Louis. Élève brillant aux capacités physiques exceptionnelles, le prince Philippe est parmi les meilleurs éléments de l'illustre école.

C'est donc tout naturellement que Philippe est choisi pour tenir compagnie aux Filles du roi Georges VI lors d'une visite officielle, le 22 juillet 1939. Elizabeth n'a que 13 ans, mais elle tombe immédiatement sous le charme de ce jeune homme de 18 ans, beau, athlétique et charmant. La gouvernante des deux sœurs, Marion Crawford racontera dans ses *Mémoires*, que *« Lilibet ne l'a pas quitté une seconde des yeux. »*. Un regard qui va bouleverser une nouvelle fois la vie du *« Prince de nulle part et de rien* »*.

** Surnom dont aurait été affublé le prince dans les couloirs du Palais de Buckingham*

CHAPITRE 2

Elizabeth, la conquérante

La princesse Elizabeth, future reine du Royaume-Uni, à l'âge de 10 ans avec son tout premier poney

La future reine Elizabeth II arborant un authentique et franc sourire de bonheur, peut-être le signe des prémices de son histoire d'amour avec le prince Philippe. Château de Windsor. 22 juin 1940

La gouvernante des deux soeurs, Marion Crawford racontera dans ses *Mémoires*, que *« Lilibet ne l'a pas quitté une seconde des yeux »*. Un regard qui va bouleverser une nouvelle fois la vie du *« Prince de nulle part et de rien »**.

** Surnom dont aurait été affublé le prince dans les couloirs du Palais de Buckingham*

La princesse Elizabeth tricote des couvertures pour les forces armées durant la Seconde Guerre mondiale (avril 1940).

Durant la Seconde Guerre mondiale, l'emploi du temps de la future reine laisse peu de place à la rêverie.

Si l'on s'amusait à caricaturer le couple royal, on pourrait parler de l'évidente attirance des contraires, de la passion qu'entretient le yin pour le yang ou louer la complémentarité du feu (le Prince) et de la glace (la Reine).
Leurs visibles dissemblances ne reposent pas seulement sur les aspects de leurs caractères respectifs, influencés évidemment par la position qu'ils occupent dans le monde, ou une quelconque anamorphose médiatique, mais en tout premier lieu sur l'empreinte qu'ont laissée en eux leurs jeunes années.
Personnage hors du commun, témoin des principaux événements historiques du XXe siècle et détentrice du règne le plus long de l'histoire des monarchies, la reine Elizabeth est aussi le seul monarque régnant sur 16 pays et 130 millions de sujets. Un pedigree et un cumul de records que la petite fille qu'elle était n'aurait jamais pu imaginer, car rien ne la prédestinait à devenir un jour reine.

Portrait de la future reine Elizabeth II, réalisé vers 1929

Le prince Albert Frederick Arthur George, futur roi George VI et sa femme Elizabeth Bowes-Lyon, future reine consort au baptême de leur première fille, la princesse Elizabeth, future reine Elizabeth II, le 29 Mai 1926

Née le 21 avril 1926, Elizabeth est la première fille d'Elizabeth Bowes-Lyon et du prince Albert, duc d'York (futur roi Georges VI).

Petite-fille du roi Georges V, descendante directe de la lignée des reines et rois d'Angleterre et de Grande-Bretagne, elle est troisième dans l'ordre de succession au trône. C'est son oncle, David, prince de Galles, qui est destiné à régner ; son père, le duc d'York, vient en second. Si sa naissance attire bien évidemment l'attention du public, son père, Albert, fils cadet du Roi, est considéré comme un élément très secondaire de la famille royale. Les projecteurs sont en revanche braqués sur le charismatique et énergique David, plus photogénique que le timide Albert, et sur le climat social du pays, particulièrement tendu cette année-là. L'Angleterre entre dans la plus grande grève générale de son histoire, The General Strike, déclenchée par les revendications salariales des mineurs. Le roi George V a alors cette phrase demeurée célèbre à l'adresse du gouvernement : *« Essayez donc de vivre avec leur salaire avant de les juger »*. Quand on sait que les parents de la mère d'Elizabeth, lord et lady Strathmore, étaient de gros propriétaires de mines de charbon, nous avons un bel exemple de la complexité, si ce n'est des ambivalences et des contradictions de l'exercice du pouvoir royal.

Notre nouvelle née, comme le veut la tradition, est accouchée en présence du secrétaire d'État afin de confirmer qu'une naissance royale est en train de se dérouler (cette tradition prendra fin avec la naissance du premier fils de la Reine, le prince Charles, en 1948).
Le bébé royal est une fille et la royauté ne considère pas cela comme une bénédiction. Les garçons sont en effet prioritaires dans l'ordre de succession, et le resteront jusqu'en 2013, date à laquelle cette règle sera abandonnée. Il n'est donc pas envisageable qu'Elizabeth devienne un jour reine. Le prince de Galles, son oncle, a seulement 31 ans et il est

La princesse Elizabeth, future Queen Elizabeth II, se tient debout sur les marches de Y Bwthyn Bach (la petite maison, en gaélique), la maison de poupées géante offerte par le Pays de Galles.

évident qu'il se mariera et aura des enfants, qui deviendront alors prioritaires dans l'accession au trône.

L'enfance d'Elizabeth est idyllique. Le duc et la duchesse d'York déménagent de Mayfair à Piccadilly, à Londres, théâtre des premières années de la vie de la jeune princesse. Son quotidien se déroule au cœur d'un environnement privilégié entre l'Écosse, le château familial de Windsor et la capitale anglaise, la plupart du temps au milieu de la nature et des animaux. Pour son quatrième anniversaire, son père lui offre son premier poney Shetland, appelé Peggy : c'est le début d'une passion qui ne la quittera jamais. Sa sœur Margaret naît la même année, le 21 août 1930. Lorsque l'on grandit sous le sceau de la famille royale, en ce début de XXe siècle, il n'est question ni d'école ni d'apprentissage intellectuel trop poussé, surtout lorsque l'on naît femme, l'ambition ultime étant alors de faire un beau mariage et de s'occuper de ses enfants.

L'éducation de la royale progéniture est donc confiée aux bons soins d'un précepteur. Marion Crawford, une institutrice écossaise, sera investie de cette mission auprès des deux sœurs : Crawfie, comme la surnomment les deux petites-filles du roi George V, leur enseigne quelques notions d'histoire et d'anglais, secondée par des gouvernantes, la Française Georgina Guérin et l'aristocrate belge Antoinette de Bellaigue, priées de transmettre la langue de Molière aux petites Britanniques.
Dans les *Mémoires* de la préceptrice, rédigés après son départ de la cour, elle évoque les deux princesses en ces

Le futur roi George VI et sa femme, Elizabeth, leur fille, la future reine Elizabeth II et leur nièce Diana en Écosse pour fêter les noces d'or du comte et de la comtesse de Strathmore, les grands-parents maternels de Lilibet

termes : *« si Margaret se distingue par sa fantaisie, Elizabeth se caractérise par son sérieux, son application et surtout sa méticulosité excessive. La fillette se lève la nuit pour vérifier si elle a bien rangé ses vêtements pour le lendemain, si ses chaussures sont bien alignées. Elle classe les bonbons au café que lui donnent ses parents à la fin du déjeuner d'après leur taille, mange les plus petits en premier. »* Ces mémoires feront scandale, le personnel engagé auprès des membres de la famille royale s'engageant à ne jamais divulguer leurs secrets, « Faire une Crawfie » devenant plus tard une expression couramment utilisée à la cour pour désigner une trahison !

Isolées du reste du monde, sans autre interaction sociale qu'avec celle de leur milieu, les deux sœurs deviennent les meilleures amies du monde. Leur enfance est insouciante, confiante, sans aucune forme de pression liée à un destin programmé, ni pour le père de famille ni pour l'aînée des filles. Une vie tranquille jusqu'aux 10 ans de Lilibet, ainsi que la surnomme son entourage, qui devient brutalement, par un coup du sort, la probable future reine d'Angleterre. Contre toute attente, son oncle David devenu le roi Edouard VIII à la mort de son père, le roi George V, abdique après 326 jours de règne pour épouser Wallis Simpson, une Américaine deux fois divorcée. La nouvelle provoque une crise constitutionnelle sans précédent et déstabilise la monarchie.
Le frère cadet d'Edouard et père d'Elizabeth, Albert, monte alors sur le trône et prend le nom de George VI. Un hommage à son père qui sera aussi un signe de confiance envoyé au peuple britannique déstabilisé par cet inconcevable changement de règne.

Les grands-parents paternels de la princesse Elizabeth, le roi George V et la reine consort Mary, également ses parrains et marraines, sont très proches de la petite-fille, affectueusement surnommée « my little darling » par sa grand-mère Mary.

Dès son plus jeune âge, la princesse Elizabeth est habituée aux démonstratioxn de ferveur du peuple britannique. Très à l'aise, elle accompagne ici ses grands-parents paternels, le roi George V et la reine Mary, sur le chemin du retour vers Balmoral après avoir assisté à une célébration à l'église de Crathie, le 5 septembre 1932.

A l'âge de 14 ans, la jeune princesse Elizabeth est déjà une véritable cavalière. Ici au Royal Lodge de Windsor, en avril 1940

L'année 1936 marque une année de profonds bouleversements pour la petite fille. Une tout autre vie commence. Elle sait dorénavant qu'un jour, elle sera reine. Celle qui un jour confia *« si je n'avais pas été qui je suis, j'aurais voulu être une dame à la campagne, entourée de nombreux chevaux et de chiens... »* part à la conquête de son destin. Du jour au lendemain, la petite fille insouciante devient l'héritière du trône.

Seul avantage à cette situation inattendue, Elizabeth a le temps d'être préparée, contrairement à son père, projeté presque du jour au lendemain dans une vie à laquelle il n'était pas destiné et qu'il n'a pas choisie.

La future reine déménage avec toute sa famille à Buckingham Palace et doit s'habituer à de nouvelles règles. Désormais, on ne peut plus l'appeler par son prénom, encore moins par son surnom Lilibet, mais au contraire on doit lui donner du Madame (Ma'am) et les femmes lui font la révérence.

« Si je n'avais pas été qui je suis, j'aurais voulu être une dame à la campagne, entourée de nombreux chevaux et de chiens... »

L'image d'une famille presque comme les autres. Mais la petite Elizabeth, qui a seulement 10 ans sait dorénavant qu'elle sera reine un jour. Elle est entourée ici de son père le roi George VI (1895 - 1952), sa mère la Queen Mum ((1900 - 2002), sa sœur la princesse Margaret (1930 - 2002) et de nombreux chiens.

La princesse Elizabeth joue avec ses deux corgis dans le jardin de sa maison située au 145 Piccadilly à Londres, avant de déménager à Buckingham Palace. Juillet 1936

La jeune princesse Elizabeth monte régulièrement à cheval dans le Grand Parc de Windsor. Elle est accompagnée ici de son oncle, le duc de Gloucester. 1936

Photo officielle prise le 12 mai 1937, jour du couronnement du roi George VI devenu roi après l'abdication de son frère. Le roi est entouré de sa famille, sa femme et ses deux filles, les princesses Elizabeth et Margaret

L'apparition de la famille royale sur le balcon de Buckingham Palace est un moment très attendu par le peuple britannique. La princesse Elizabeth, très heureuse, salue déjà comme une reine. 12 mai 1937

Elle reçoit une instruction spécifique à sa condition, donnée par Henry Marten, vice-doyen du Collège d'Eton. Elle étudie l'histoire constitutionnelle, les sciences politiques et le droit sans se formaliser des maladresses répétitives de son professeur qui, si peu habitué à enseigner aux femmes, l'appelle régulièrement « Monsieur ». L'archevêque de Canterbury se charge, quant à lui, de son éducation religieuse.

Sa mère, plus tard surnommée « Queen Mum », se montre aussi un grand soutien. Elle considère le rôle de souverain de manière très pragmatique et s'attelle à apprendre à sa fille comment être à la hauteur de son destin. Elle lui enseigne l'art de converser avec des dignitaires et de remplir ses devoirs de reine.

Petite fille timide et réservée comme son père, Elizabeth s'inspirera beaucoup de sa mère qui s'est emparée de son nouveau rôle de reine consort à la perfection.

Le 12 mai 1937, lors du couronnement de son père George VI, le public découvre cette petite fille déjà bien consciente de son rôle. Son destin est désormais d'appartenir et de se consacrer pleinement à son peuple et à la couronne.

L'enfance et
l'adolescence de
la future reine
seront marqués
par un profond
attachement
à la nature et
aux animaux.
Ces passions lui
permettront de
se ressourcer lors
des grands drames
de l'histoire
de son pays et
de sa vie
personnelle.

Le 21 avril 1939, la future reine Elizabeth II avec son poney dans le Grand Parc de Windsor

CHAPITRE 3

La vie devant soi

La future reine et
Philip Mountbatten
en 1940

La reine Elizabeth II a toujours préféré être accompagné du prince Philip lors de ses voyages officiels. Il peuvent ainsi partager des moments d'exception.

Avec la caméra offerte par le roi Georges VI pour son mariage, la princesse Elizabeth filme l'arrivée du navire HMNZS Black Prince dans le Sud Pacifique pendant le tour du monde qui suit son couronnement. Elle est accompagnée de son mari, le prince Philip. 11 décembre 1953

La princesse Margaret (1930 - 2002) et la princesse Elizabeth à l'exposition des trésors royaux située dans leur ancienne demeure du 145 Piccadilly à Londres. Le berceau présenté servira aux quatre enfants de la princesse Elizabeth.

Le prince Philippe avec ses camarades de l'équipe étudiante de cricket de Gordonstoun.

En 1936, à l'âge de 10 ans, la petite Elizabeth accepte son destin de future reine avec beaucoup de maturité et de détermination. Une précocité déconcertante qui ira se nicher jusque dans sa vie personnelle. Quand, le 22 juillet 1939, alors âgée de 13 ans, elle rencontre le prince Philippe de Grèce, officier charmant de la Royal Navy âgé de 18 ans, elle se fait la promesse d'épouser celui qui est aussi son cousin germain au 3e degré.

Après plusieurs années passées dans un pensionnat en Écosse, le jeune Philippe suit les traces de son oncle Lord Mountbatten en entrant au Collège de la Royal Navy. Il excelle dans toutes les disciplines, se fait rapidement remarquer et devient vite l'un des meilleurs éléments de cette prestigieuse école. Ce 22 juillet 1939, le roi George VI, son épouse et leurs deux filles honorent de leur présence le campus situé à Dartmouth. Une visite officielle, bousculée par une épidémie d'oreillons qui sévit parmi les

Portrait de la princesse Elizabeth au château de Windsor. 22 juin 1940

« Nous avons mangé des crackers au gingembre et bu de la limonade, et puis il a lancé "allons sur les terrains de tennis, on s'amusera à sauter par-dessus les filets." (...) Je le trouvais frimeur, mais les fillettes, elles, étaient très impressionnées. »

Marion Crawford

élèves et qui oblige les deux jeunes princesses à rester à l'écart. Philippe, épargné par la maladie, est naturellement choisi pour tenir compagnie à la future reine et à sa jeune sœur, Margaret. Les deux fillettes assistent fascinées au show de l'élève officier alors en pleine fleur de l'âge : il est grand, blond, beau comme un acteur de cinéma, sportif et intelligent. Il multiplie les facéties et se distingue par son adresse au jeu de croquet. Il déborde d'énergie et fascine la jeune princesse. *« Lilibet ne l'a pas quitté une seconde des yeux »*, déclarera sa gouvernante Marion Crawford dans ses *Mémoires.* Elle y évoque un » *garçon blond comme un Viking, avec un visage un peu anguleux et des yeux d'un bleu perçant, plutôt brusque de manières ». « Nous avons mangé des crackers au gingembre et bu de la limonade, et puis il a lancé "allons sur les terrains de tennis, on s'amusera à sauter par-dessus les filets" (...) Je le trouvais frimeur, mais les fillettes, elles, étaient très impressionnées. »*

Mais il faut déjà partir et quitter ce charmant jeune homme. Les cadets escortent leur souverain et sa famille jusqu'au yacht royal à bord de diverses embarcations. Pour Philippe, il n'est pas question de se faire voler la vedette par d'autres élèves de l'école. Faisant fi de toutes les règles de prudence, Philippe suit le navire à la rame jusqu'en haute mer et rebrousse chemin le dernier. Elizabeth, agrippée à ses jumelles ne rate pas une miette du spectacle. Quel panache ! Ce jeune homme est si différent de ceux qu'elle fréquente depuis son plus jeune âge. Pour la future reine, c'est un véritable coup de foudre !
Mais à peine deux mois plus tard, la Seconde Guerre mondiale éclate.

Dès le début de la guerre, le jeune prince, sorti avec les honneurs de sa promotion, se distingue. Il est cadet de plusieurs vaisseaux, et en janvier 1940, il part dans l'océan indien à bord du HMS Ramillies et assure la protection de convois australiens de combattants dans le cadre de l'effort de guerre du Commonwealth.

Promu lieutenant de vaisseau et officier en second à seulement 21 ans, Philippe est remarqué pour son courage lors de la bataille du Cap Matapan en mai 1941, une bataille navale entre la marine italienne et la Royal Navy. L'héroïsme de Philippe ne cesse d'impressionner.

Les princesses
Margaret et Elizabeth
jardinant au Royal
Lodge du Grand Parc
de Windsor, en avrill
1940

Portrait de la princesse Elizabeth jouant au piano au château de Windsor, le 22 juin 1940

« Mes enfants n'iront nulle part sans moi. Je ne partirai pas sans le Roi. Et le Roi ne partira jamais. »

La Reine mère

La Reine mère avec ses deux filles : la princesse Elizabeth et la princesse Margaret dans les jardins du château de Windsor, 8 juillet 1941

Portrait de la famille royale à Buckingham Palace, qu'elle refuse de quitter en 1942 pendant la Seconde Guerre mondiale.

Portrait de la princesse Elizabeth dans les jardins du château de Windsor, 8 juillet 1941

**« Je n'avais jamais vu Lilibet aussi animée.
Il y avait quelque chose chez elle qui irradiait, quelque chose que nous ne lui avions encore jamais vu auparavant. Elizabeth était toujours elle-même, très naturelle.
Il y a dans son caractère un mélange de sens du devoir, très fort, et de joie de vivre. »**

Marion Crawford

Au milieu de cette guerre, de ce chaos qui détruit des familles et répand son odeur de mort et de désespoir, le futur couple entretient une correspondance assidue. L'amour commence à naître, mais les obstacles s'accumulent. Elizabeth est très jeune, bien trop jeune pour penser au mariage, la guerre fait rage, Philippe combat du côté des Alliés bien sûr, mais contre sa propre famille puisque ses sœurs ont épousé des dignitaires nazis. Le tableau n'est pas idyllique pour la monarchie. À partir de la mi-mai 1940, les deux filles du roi Georges VI sont mises à l'abri au château de Windsor. Malgré l'insistance du gouvernement britannique, la Reine a refusé de fuir au Canada. *« Mes enfants n'iront nulle part sans moi. Je ne partirai pas sans le Roi. Et le Roi ne partira jamais »*. Une phrase restée célèbre dans l'histoire de la monarchie britannique pour illustrer la détermination du couple royal.

En 1941, le jeune homme est convié par le roi George VI à passer un week-end en sa compagnie au château familial. Une invitation qui va vite se transformer en visites relativement régulières dans le contexte incertain de la guerre qui fait rage. Pour la grand-mère paternelle d'Elizabeth, Lilibet est réellement tombée amoureuse de son futur mari *« la première fois qu'il est venu à Windsor »*. La future reine a alors 15 ans, *« Je n'avais jamais vu Lilibet aussi animée, »* écrit sa gouvernante. *« Il y avait quelque chose chez elle qui irradiait, quelque chose que nous ne lui avions encore jamais vu auparavant. Elizabeth était toujours elle-même, très naturelle, »* raconte-t-elle. *« Il y a dans son caractère un mélange de sens du devoir, très fort, et de joie de vivre. »*

Peut-être les effets de cet amour naissant ?

Pour la grand-mère paternelle d'Elizabeth, Lilibet est réellement tombée amoureuse de son futur mari *«la première fois qu'il est venu à Windsor»*. La future reine a alors 15 ans.

Très complices, les princesses Elizabeth et Margaret jouent beaucoup ensemble, ici dans les jardins du château de Windsor. 8 juillet 1941

La princesse Elizabeth et sa sœur Margaret, avec leur chien Chung au Royal Lodge du château de Windsor, 11 avril 1942

En 1942, à seulement 21 ans, Philippe devient le plus jeune lieutenant de la Royal Navy. En octobre de la même année, le roi Georges VI invite de nouveau officiellement le jeune homme. *« Philip est venu ici pour le week-end, écrit George VI. C'est un charmant jeune homme et je suis heureux qu'il reste dans ma Marine. (...) Il est intelligent »*, écrit-il à sa mère, *« il a un vrai sens de l'humour et un regard juste sur les choses »*. Mais si le roi pose un regard bienveillant sur le prince de Grèce et du Danemark, il est inquiet pour sa fille et pour son avenir.

Le prince est plus âgé que la future reine qui est bien trop jeune pour penser à se marier, mais surtout Philippe n'est pas de nationalité britannique. Si le roi s'inquiète de cette romance, la grand-mère paternelle de la jeune fille, la reine Mary, soutient le jeune homme. Il est vrai que la Reine mère connaît Philippe depuis son enfance quand sa famille est arrivée désœuvrée au Royaume-Uni après leur fuite de Grèce. Elle a gardé contact avec le jeune exilé qu'elle trouve empreint de *« beaucoup de bon sens »*. Elle sera un soutien constant pour le jeune officier. Son affection ira jusqu'à la confection d'écharpes et de pull-overs en laine pendant la guerre.

Noël 1943 restera une date importante pour les deux très proches amis. Le Prince est convié à fêter Noël avec le souverain et sa famille. Une marque de confiance et un signe très fort envers le jeune homme et le rôle qu'il pourrait jouer dans la vie de la jeune fille. Il faut se rendre à l'évidence, malgré les années, la romance entre les deux jeunes gens ne semble pas s'essouffler. *« Ce fut très joyeux, »* racontera Elizabeth, *« avec un film, des dîners et des danses au son du gramophone »*.

La princesse Elizabeth portant son uniforme de guide scout
pendant la Seconde Guerre mondiale, 25 avril 1942

Il est primordial, pour la jeune Elizabeth, âgée de 16 ans, de participer à l'effort de guerre. Elle s'inscrit donc au ministère de la Jeunesse et du Travail, en avril 1942 et intègre l'ATS, la branche féminine de l'armée britannique.

La princesse Elizabeth exerçant ses connaissances en mécanique en tant que subalterne dans l'ATS (la branche féminine de l'armée britannique), 1945

La famille royale et Winston Churchill célèbrent la signature de l'armistice depuis le balcon de Buckingham Palace, le 8 mai 1945.

La princesse Elizabeth en pleine démonstration de manœuvres, décembre 1945

Mais la Seconde Guerre mondiale n'est pas terminée. Philippe rejoint la Royal Navy et de son côté Elizabeth s'engage auprès de la ATS (Auxiliary Territorial Service), la branche féminine de l'armée britannique.

Le 8 mai 1945 voit enfin le peuple, la jeune princesse et sa famille exulter. La fin de la guerre est proclamée. *« Ma sœur et moi avons demandé à nos parents la permission de sortir du palais afin d'aller voir par nous-mêmes ce qu'il était en train de se passer »* racontera la reine Elizabeth. Pour la première fois de sa vie, la future reine se mêlera incognito à la foule britannique. *« Nous avons tous été emportés par une marée de bonheur et de soulagement. Nous avons parcouru des kilomètres dans les rues. Je revois encore tous ces inconnus marchant bras dessus bras dessous en remontant Whitehall »*. Le roi Georges VI commentera dans son *Journal* : *« Les pauvres enfants, c'est la première fois qu'elles s'amusaient réellement »*.

La princesse Elizabeth inspecte le centre de formation en tant que commandant junior de l'ATS, pendant la Seconde Guerre mondiale. Mai 1945

Portrait de la famille royale au Royal Lodge du château de Windsor, 8 juillet 1946

La reine mère Elizabeth
avec ses deux filles,
devant un seringat dans
le parc du château de
Windsor, 8 juillet 1941

Si le prince Philippe
n'est pas le
prétendant idéal
pour accéder
au titre de prince
consort, il a
de son côté
un allié de taille :
le peuple anglais.
Après des années
de guerre
et de malheur,
leur romance
fait rêver
des millions
de britanniques.

Les jeunes mariés, pendant leur lune de miel, dans la propriété de l'oncle du prince, le comte Mountbatten, novembre 1947

Mais la fin de la guerre ne scelle pas pour autant les retrouvailles des amoureux. Philippe est encore en mer sur un navire qui combat contre le Japon. Il ne sera de retour qu'en 1946. C'est au cours de l'été de cette même année que Philippe demande Elizabeth en mariage. La réponse est évidente pour Elizabeth qui, selon les rumeurs, n'aurait même pas consulté son père avant de lui répondre par l'affirmative.

Était-elle alors emportée par le tourbillon des sentiments pour oublier les convenances et le protocole ? ou bien se doutait-elle que malgré la bienveillance de ses parents, Philippe n'avait pas le profil idéal pour épouser la future reine d'Angleterre ?

C'est au cours de l'été 1946
que Philippe demande
Elizabeth en mariage.
La réponse est évidente
pour Elizabeth.

La princesse Elizabeth à son bureau de Buckhingham Palace, le 19 septembre 1946

Photo officielle des fiancailles de la princesse Elizabeth et du prince Philippe Mountbatten, le jour des 21 ans de la future reine

CHAPITRE 4

Le mariage du siècle

Le 20 novembre 1947, le jour du mariage de la princesse Elizabeth et du prince Philip, la foule se masse sur le parcours du carrosse du roi en route vers le palais de Buckingham.

La princesse Elizabeth
et son mari Phillip,
duc d'Édimbourg,
apès leur mariage

« C'est avec grand plaisir que le roi et la reine annoncent les fiançailles de leur fille bien-aimée. La princesse Elisabeth au lieutenant Philippe Mountbatten, fils du regretté prince André de Grèce et de la princesse André (princesse Alice de Battenberg), à qui le roi a donné son consentement. »

The Times

Avant l'annonce des fiançailles, le 9 juillet 1947, illustrée d'une photo représentant le couple au sommet de son bonheur, il fallut batailler et rester discret sur ce mariage. Quelques mois furent nécessaires pour lisser légèrement le curriculum vitae du futur marié, si ce n'est tenter de dissuader la princesse d'épouser celui qu'elle avait pourtant secrètement choisi depuis ses 13 ans.

En répondant immédiatement *« oui »* à la demande en mariage du Prince sans avoir préalablement demandé la permission à son père, Elizabeth réalisait le premier (et le dernier) acte de rébellion de sa vie. Mais la Princesse aimait tellement Philippe qu'il ne pouvait y avoir d'autres choix possibles. Elle avait une profonde confiance en son père et savait que le Roi respectait cet amour. Il le comprenait, car il avait lui-même eu la chance d'épouser une femme qu'il avait délibérément choisie.

La princesse Elizabeth, jeune fiancée, dans les appartements d'État de Buckingham Palace quelques mois avant son mariage avec le prince Philip. Juillet 1947

« Je déclare devant vous que mon existence sera entièrement dévouée à votre service. »

1947, Afrique du Sud

La princesse Elizabeth à bord d'une locomotive Beyer-Garratt avec sa sœur, la princesse Margaret et le ministre des Transports sud-africain, F. C. Sturrock, pendant leur visite officielle en Afrique du Sud, le 21 juin 1947

Mais tout n'était pas si rose sous les ors de la couronne et l'entourage du Roi ne fut pas si conciliant. Philippe n'avait rien du souverain idéal malgré son ascendance royale ! La liste des doléances était même longue : le Prince n'est pas de nationalité britannique, il est orthodoxe, désargenté et vient d'une famille gênante pour la royauté (père joueur et alcoolique qui abandonna sa famille, mère schizophrène ayant passé une grande partie de sa vie en asile, plus des sœurs mariées à des nazis, un sujet particulièrement épineux pour la famille royale, anti-germaniste depuis la guerre). Rien ne joue en la faveur du jeune officier si ce n'est la tendresse qu'éprouve le Roi pour ce self-made-man qui a su prendre en main son destin malgré une enfance compliquée et sans repères.

L'agenda royal est alors une aubaine. Une visite familiale en Afrique du Sud pour remercier le pays de son soutien durant la Seconde Guerre mondiale est planifiée depuis un an et doit avoir lieu au début de l'année 1947. Le roi consent au mariage, mais exige que l'annonce des fiançailles soit réalisée à leur retour. L'espoir de voir la princesse oublier son prince pendant cette longue séparation est réel. L'occasion était parfaite... Mais c'était sans compter sur le caractère déjà bien affirmé et la détermination de la jeune femme.

Des qualités dont le peuple britannique se rendra compte dès ses 21 ans, lorsque la future reine prononcera un discours radiodiffusé depuis le continent africain. *« Je déclare devant vous que mon existence sera entièrement dévouée à votre service ».*
Consciente des dangers qui menacent la monarchie, la future reine veut être très claire sur ses intentions et ses obligations. Par cette déclaration, qui marquera une étape importante dans sa vie de reine, elle assure au peuple britannique son engagement indéfectible.

Le roi
Georges VI au
Royal Lodge
du château
de Windsor

« C'est beaucoup à donner à un homme à la fois, mais je sais que Philippe comprend ses responsabilités dans son mariage avec Lilibet. »

Le roi George VI

De retour à Londres, Elizabeth est toujours décidée à épouser le prince Philippe.

L'annonce des fiançailles provoque une liesse populaire.

Tout d'abord, les protagonistes de ce mariage font rêver : la future reine d'Angleterre, fille du roi George VI, tant aimé de ses sujets, est jeune, jolie et brûle d'amour pour son prince, il n'y a qu'à regarder les étoiles qui brillent dans ses yeux dès que le jeune homme apparaît. Le prétendant, Philippe Mountbatten, officier de la Royal Navy, est beau, magnétique et mystérieux. Il paraîtrait même qu'il a beaucoup d'humour et qu'il fait beaucoup rire Elizabeth.

Le couple attire tous les regards. Le peuple britannique est fasciné par cette histoire d'amour, car oui, il s'agit bien d'une belle et véritable histoire d'amour. Le mariage du siècle est moderne et fait rêver une toute nouvelle génération d'Anglais. Il ne s'agit plus de mariage arrangé dans le but de perpétuer la couronne. Il s'agit du mariage d'une véritable princesse avec un prince si charmant. Adieu ambiance morose et hiver rigoureux de l'année 1947 au Royaume-Uni, les cœurs sont dorénavant bien au chaud grâce à Elizabeth et Philippe.
Mais une histoire d'amour sans obstacle n'est pas une vraie histoire d'amour. Il faut prouver sa ferveur, sa combativité, surmonter les épreuves et terrasser le dragon pour conquérir le cœur de sa bien-aimée.
Et le prétendant s'y connaît en épreuves. Philippe doit renoncer à sa nationalité grecque et à ses anciens titres nobiliaires hérités de ses parents. Il doit aussi renier la religion orthodoxe pour embrasser l'anglicanisme, la religion de l'État. Ce qu'il exécute sans mot dire. Sans compter que la future reine lui fait promettre d'arrêter de fumer la veille de leur mariage.
Mais sans particule, il ne peut prétendre à épouser Elizabeth.

Quelques jours avant le mariage, Philippe est donc élevé par le roi au titre de duc d'Édimbourg, baron de Greenwich et comte de Merioneth. Il est également nommé chevalier dans l'ordre très noble de la Jarretière. Un palmarès conséquent que le Roi justifiera de la sorte : *« C'est beaucoup à donner à un homme à la fois, mais je sais que Philippe comprend ses responsabilités dans son mariage avec Lilibet. »*

Première apparition officielle de la princesse Elizabeth et du prince Philippe après l'annonce de leurs fiançailles, le 10 juillet 1947. La princesse porte à son doigt une bague en diamants réalisée à partir des pierres précieuses d'une tiare appartenant à Alice de Battenberg, la mère du fiancé.

De retour à Londres,
Elisabeth est toujours
décidée à épouser le prince
Philippe. Lannonce
des fiançailles provoque
une liesse populaire.

Les fiancés, le jour de l'annonce officielle, le 10 juillet 1947

Après l'annonce des fiançailles, la princesse Elizabeth et le prince Philip sont les invités d'honneur de la garden party organisée à Buckingham Palace, le 10 juillet 1947.

« Je me demande si je mérite toutes ces bonnes choses qui m'arrivent. [Comme celle de] tomber complètement et inconditionnellement amoureux. »

Prince Philip

Le 20 novembre 1947, jour du mariage royal. Après la cérémonie à l'abbaye de Westminster, l'apparition des jeunes mariés sur le balcon de Buckingham Palace provoque une explosion de joie de la part d'une foule immense venue acclamer ce mariage d'amour.

Le peuple britannique acclamant la procession royale après la cérémonie à l'abbaye de Westminster, le 20 novembre 1947

Désargenté, Philip fait preuve de créativité et d'originalité pour offrir une bague de fiançailles à Elizabeth. Onze pierres du diadème d'Athènes préféré de sa mère sont utilisées pour créer une bague digne de ce nom pour la princesse.
« *Je me demande,* » écrit Philip, « *si je mérite toutes ces bonnes choses qui m'arrivent. [Comme celle de] tomber complètement et inconditionnellement amoureux.* »
Le peuple britannique et le reste du monde sont sous le charme de cette histoire royale si peu banale

Le 20 novembre 1947, Elizabeth et Philip s'unissent à l'abbaye de Westminster, entrant dans l'Histoire et dans la légende des grandes histoires d'amour.
Ce 20 novembre, le temps est froid, maussade et pluvieux. Mais les conditions météorologiques n'empêchent pas les gens de camper pendant des heures dans l'espoir d'apercevoir la future mariée. Le peuple est au rendez-vous.

La procession vers l'abbaye de Westminster est époustouflante. La reine Mary conduit le cortège dans sa célèbre Daimler noire. La reine mère Elizabeth et la princesse Margaret suivent, ainsi que Philip.
Enfin, la mariée et le Roi apparaissent sous les applaudissements et les cris d'une foule aussi joyeuse que déchaînée scandant « *God Save the King* ».

La robe de mariée d'Elizabeth est éblouissante. Dessinée par Norman Hartnell dans le plus grand secret (des tissus ont même recouvert les fenêtres des ateliers des couturières pendant deux mois pour assurer la discrétion), la robe de la Princesse a aussi été rendue possible grâce aux futures mariées britanniques.

Photo du mariage royal de la princesse Elizabeth et du prince Philip, accompagnés de leurs familles et de quelques membres de la noblesse européenne

La princesse Elizabeth, le jour de son mariage avec le prince Philip, le 20 novembre 1947

Bouleversé par le mariage de sa fille aînée,
le Roi lui enverra une lettre quelques jours après.

« J'étais si fier de vous et ravi de vous avoir si près de moi lors de votre longue marche dans l'abbaye de Westminster, mais quand j'ai remis votre main à l'archevêque, j'ai senti que j'avais perdu quelque chose de très précieux. Vous étiez si calme et posée pendant le service et avez dit vos mots avec une telle conviction, que je savais que tout allait bien...

Je vous ai regardé grandir toutes ces années avec fierté sous l'égide habile de votre mère, qui, comme vous le savez, est la personne la plus merveilleuse du monde à mes yeux, et je peux, je sais, toujours compter sur vous, et maintenant Philip, pour nous aider dans notre travail.

Votre départ a laissé un grand vide dans nos vies, mais rappelez-vous que votre ancienne maison est toujours la vôtre et revenez-y autant et aussi souvent que possible. Je peux voir que vous êtes sublimement heureuse avec Philip, ce qui est une bonne chose, mais ne nous oubliez pas, tel est le vœu de votre père aimant et dévoué. »

En effet même si la guerre était terminée, le rationnement était encore d'actualité. C'est pourquoi Elizabeth dut utiliser les coupons de vêtements envoyés par les futures mariées du royaume pour acheter les matériaux de sa propre robe. Le couturier lui-même s'extasiera sur sa réalisation, c'est *« la plus belle robe que j'avais faite jusqu'à présent »*.
Philip portait son uniforme naval et une épée de cérémonie qui avait appartenu au prince Louis de Battenberg, son grand-père.

Les chiffres du mariage royal sont étourdissants : 2 mois de travail, vingt-cinq couturières et dix brodeuses auront été nécessaires pour réaliser la robe de la mariée sertie de 10 000 perles de rocaille importées des États-Unis d'Amérique, le gâteau de mariage pesait 225 kilos pour 2,50 m de haut, 2000 invités étaient conviés dont 6 rois, des maharajahs et des cheiks, le couple reçut 2 500 cadeaux (dont un pavillon de chasse au Kenya, un cheval de course, un service à café en or de vingt-deux carats et 386 paires de bas en nylon pour la jeune mariée, envoyées par des jeunes femmes de son âge...). Les jours suivants, les jeunes mariés recevront plus de 10 000 télégrammes de félicitations.

Ajoutons à ce bilan comptable vertigineux les 73 années de mariage du couple royal, 73 ans de passion, de soutien et d'amour, même si personne n'aurait pu alors prédire cette longévité.

Des chiffres surréalistes qui viennent souligner un événement exceptionnel, comme il y en a peu dans la vie d'une monarchie. Non pas qu'il y ait peu de mariages royaux, c'est une spécialité que le peuple savoure tout particulièrement, mais aucun mariage ne fut et ne sera à la hauteur de celui-ci.

Un véritable conte de fées qui venait mettre un point final à de longues et terribles années de guerre.

**Le couple attire
tous les regards.
Le peuple
britannique est
fasciné par cette
histoire d'amour,
car oui, il s'agit
bien d'une belle
et véritable
histoire d'amour.
Le mariage du siècle
est moderne
et fait rêver une
toute nouvelle
génération
d'Anglais.**

Le 31 juillet 1947, le Lieutenant Philip Mountbatten fait ses adieux
à l'École royale des officiers de marine de Kingsmore (Hawthorn, Wiltshire).

CHAPITRE 5

Une vie (presque) normale

Le 23 novembre 1947, quelques jours après leur mariage, le jeune couple part en lune de miel au manoir de Broadlands à Romsey, dans le sud de l'Angleterre.

La princesse Elizabeth et son mari le prince Philip regardent les photos de leur mariage à Romsey pendant leur lune de miel. Novembre 1947.

Portrait de la princesse Elizabeth et du prince Philip avec leurs deux premiers enfants, Charles (dans les bras de son père) et Anne dans ceux de sa mère. 1er août 1951

De l'aveu de la reine Elizabeth II elle-même, les quelques années qui ont suivi son mariage ont été les plus heureuses de sa vie.

La jeune mariée ne le sait pas encore à ce moment-là, mais ces années vont être le théâtre de grands bonheurs, d'années merveilleuses même si les coups durs et coups du sort donneront à ces années de jeunesse un goût amer de trop peu. Trop peu de temps de femme, mariée, jeune, amoureuse et libre au bras de celui qu'elle aime, trop peu de temps de mère avec ses deux premiers enfants, et trop peu de temps avec ce père qu'elle adorait. Malgré une longévité exceptionnelle, le temps a toujours manqué à la reine Elizabeth, emportée dans un tourbillon d'obligations. Ses rêves de simplicité, d'épouse et de mère furent abandonnés sur l'autel de la couronne.

Trois mois après le mariage princier, Elizabeth est enceinte.

« L'enthousiasme latent du peuple français pour la pompe et l'apparat monarchiques s'est révélé au grand jour. Ce fut une expérience exceptionnelle de voir les Parisiens acclamer une princesse anglaise sur la place de la Bastille. »

L'ambassadeur du Royaume-Uni en France

La princesse Elizabeth et le prince Philip au palais de l'Elysée à Paris, en 1948

La princesse Elizabeth et le duc d'Édimbourg en visite à Paris, ici rue du faubourg Saint-Honoré. Mai 1948

Le président français Vincent Auriol accueille la princesse Elizabeth et le duc d'Édimbourg au palais de l'Élysée à Paris. 1948

Tout est parfait dans le meilleur des mondes des têtes couronnées. La vie est agréable et tranquille.
Les nouveaux époux ont emménagé à Buckingham Palace dans un pavillon indépendant, le temps que les travaux de la demeure qui leur est assignée, Clarence House, soient terminés.

La vie se déroule aimablement entre missions officielles non dénuées d'attraits (et qui prépare doucement la future reine à tenir son rôle) comme ce voyage à Paris pour rencontrer le président Auriol et resserrer les liens entre les deux pays ou des dîners au 10, Downing Street avec les membres du gouvernement, sa grossesse et son rôle d'épouse.

Si jeune soit-elle, elle conquiert les cœurs. Après sa visite à Paris, l'ambassadeur du Royaume-Uni en France déclarera non sans une teinte d'humour british : « *L'enthousiasme latent du peuple français pour la pompe et l'apparat monarchiques s'est révélé au grand jour. Ce fut une expérience exceptionnelle de voir les Parisiens acclamer une princesse anglaise sur la place de la Bastille.* » Un commentaire qui laisse deviner le début de popularité de la future reine.

Le 18 mai 1948, la princesse Elizabeth inaugure l'exposition «Huit siècles de vie britannique à Paris» avec un discours en français.

La princesse Elizabeth
et son mari le duc
d'Édimbourg à bord
d'une vedette sur la
Seine lors de leur visite
à Paris, le 15 mai 1948

Portrait de la princesse Elizabeth avec son premier enfant, le prince Charles, le jour de son baptême, 1948

La princesse Elizabeth, son mari le prince Philip, duc d'Édimbourg, et leur premier enfant, le prince Charles, en juillet 1949

La princesse n'a que 22 ans et son agenda est déjà bien rempli. Le 14 novembre 1948, le prince Charles vient au monde. De son côté, le prince Philip s'impatiente ! Il ne compte pas rester à Londres à errer de bureau en bureau. Philip est un homme d'action et de terrain qui aime diriger des hommes. D'autant plus qu'il sait parfaitement qu'au moment voulu, il faudra se résigner à arrêter sa carrière et se tenir dans l'ombre de la Reine. Mais il a promis à sa femme de rester dans la capitale anglaise encore quelques mois après la naissance de leur premier enfant.

En octobre 1949, l'occasion est trop belle et le Prince saisit immédiatement sa chance. Son nom est proposé pour embarquer de nouveau à bord d'un navire de la Royal Navy basé à Malte. Les bagages bouclés, les jeunes parents s'envolent pour l'île méditerranéenne sans leur petit garçon de 11 mois, que la Princesse confie à ses parents (et aux nounous). Il leur a effectivement été déconseillé d'emmener avec eux le prince Charles. Habituée à être laissées, sa sœur et elle, aux bons soins de gouvernantes pendant de longues périodes, la princesse Elizabeth ne paraît pas affectée de l'éloignement avec son bébé. Sur cette île paradisiaque entre Orient et Occident, la jeune femme va mener la vie simple, normale et anonyme d'une femme d'officier. Une vie d'oisiveté et de plaisirs bien mérités pour la Princesse qui se prépare à tenir son rôle de future reine depuis ses 10 ans. Une parenthèse enchantée qui soude les jeunes amoureux pour toujours.
Un mois après son arrivée, Elizabeth est enceinte de son second enfant, la future princesse Anne. Les jeunes mariés passent Noël à Malte. Elizabeth fait de réguliers aller-retour au Royaume-Uni pour voir son fils et remplir quelques devoirs. Elle rentre définitivement à Londres au mois de mai, enceinte de six mois.

La princesse Elizabeth, portant un chapeau au style unique, à son depart à l'aéroport accompagnée par le duc d'Édimbourg, le 26 mai 1949 à Londres

Le prince Philip à Malte, en 1949

La princesse Elizabeth et le prince Philip avec leur fille Anne,
à l'occasion de son baptême le 23 octobre 1950

Elizabeth II, reine de Malte jusqu'en 1974, s'y rendait souvent. Ici en 1951 alors que le prince Philip y était basé comme militaire.

La princesse Anne naît le 15 août 1950. Philip fait un saut de puce jusqu'à son pays d'adoption pour embrasser sa nouvelle née et son fils de presque 2 ans, qu'il n'a pas vu depuis plus de 11 mois. Il repart aussitôt pour Malte où il a été promu. Elizabeth rejoint son mari, seule, pour passer Noël avec lui. Cette vie familiale et personnelle faite d'aller-retour convient parfaitement aux deux époux.

Mais le long fleuve tranquille de cette existence ne résiste pas longtemps à leur destin. Malade, le roi George VI continue à honorer son devoir tant qu'il peut, mais à partir du mois de mai 1951, le jeune couple doit de plus en plus souvent remplacer le souverain dans de nombreuses obligations et déplacements officiels. Après deux années idylliques entre Royaume-Uni et Malte, la dure réalité se rappelle à eux. Depuis la Seconde Guerre mondiale, la santé du souverain est vacillante. Mais en septembre 1951, lors d'une lourde opération des poumons, une tumeur maligne est découverte. Le Royaume-Uni retient son souffle. Le souverain, âgé de 56 ans est adoré par son peuple. Le jeune homme timide qui ne devait pas régner est devenu l'incarnation du courage, de l'engagement et de la stabilité.

Une des
dernières photos
du roi George VI,
le 31 janvier 1952,
à l'aéroport
de Londres

Officiellement remis, mais faible, le Roi demande à sa fille aînée et à son mari d'honorer à sa place une tournée du Commonwealth prévue pour le début de l'année 1952. Contre l'avis de tous, il décide d'accompagner la future reine et le prince Philip à l'aéroport le 31 janvier. La Princesse ne se doute pas qu'elle ne reverra plus jamais son père. Le 6 février 1952, le Roi meurt. Le peuple est en proie à un chagrin incommensurable. Elizabeth apprend la nouvelle au Kenya, de la bouche de son mari. Le Roi est mort. Vive la Reine. Son chagrin à elle restera à l'abri des regards.

Quelques mois plus tôt, se sachant condamné, le Roi avait demandé à avoir une entrevue avec le prince Philip. Il voulait être sûr que son beau-fils avait bien compris le sens de son devoir et qu'il serait prêt à renoncer à sa carrière le moment venu. Il souhaite lui répéter que son rôle, c'est Elizabeth. La soutenir, l'aimer, la protéger. Il n'y a pas de plus grand acte de patriotisme ni de plus belle preuve d'amour.

À l'âge de 25 ans, la princesse Elizabeth devient la plus jeune souveraine au monde.

Procession funéraire du cercueil du défunt roi George VI devant le château de Windsor

CHAPITRE 6

Le couronnement

À seulement 26 ans, la princesse Elizabeth est déclarée reine d'Angleterre et chef du Commonwealth. Ce jour-là, elle déclare : *« Que dieu m'aide à remplir dignement cette lourde tâche qui m'échoit si tôt dans la vie »*.

Le 1er juin 1953, la foule des Anglais se masse déjà à Trafalgar Square pour attendre le carrosse de la nouvelle reine.

Deux jours avant le couronnement, les rues de la capitale britannique se remplissent d'une foule immense ayant parfois parcouru des milliers de kilomètres pour assister à cet événement historique.

Portrait de la reine Elizabeth portant la couronne, connue sous le nom de Couronne de Saint-Edouard. Portée la première fois par le roi Charles II en 1661, elle est réputée contenir de l'or provenant de la couronne d'Édouard le Confesseur (XIe siècle) et 444 pierres précieuses.

La reine Elizabeth et le duc d'Édimbourg, après un dîner au ministère des Affaires étrangères, le 5 juin 1953

La reine Elizabeth II est au cœur de toutes les conversations, du foyer moyen au plus haut niveau du gouvernement, et même jusqu'au *Times* qui l'élit Personnalité de l'année en 1952. Tous les regards sont braqués sur ses premiers pas en tant que souveraine, car elle est désormais à la tête de la famille royale. Winston Churchill, le Premier ministre du Royaume-Uni est sceptique et surtout déstabilisé face à cette si jeune souveraine. Elle n'a aucune expérience. Cependant, l'avènement d'une reine jeune, vive et dynamique met en joie beaucoup d'Anglais, confiants dans la promesse d'une nouvelle ère élisabéthaine.

Très impliquée, sérieuse et ne ménageant pas sa peine, la reine s'engage corps et âme dans sa nouvelle vie. Elle garde auprès d'elle les conseillers de son père afin de maintenir une continuité et de profiter de leur expérience du règne.

La foule, amassée entre Pall Mall et Trafalgar Square, attend de voir passer la reine Elizabeth après la cérémonie du couronnement, le 2 juin 1953.

Winston Churchill, ami proche de George VI, devient aussi une source d'enseignement politique précieuse.

Mais pendant que la Reine est concentrée sur sa nouvelle et exigeante fonction, le duc d'Édimbourg déprime. Trouver sa place n'est pas aisée pour le Prince.
Après avoir perdu sa carrière d'officier, après avoir perdu le droit de donner son nom Mountbatten à ses enfants (ils prennent le nom de la Reine, Windsor, pour la première fois de l'histoire du trône britannique), après avoir été obligé de résider à Buckingham Palace alors qu'il souhaitait rester à Clarence House et après avoir été prié de toujours rester deux pas derrière la Reine, Philip voit sa virilité et sa fierté ébranlées. Nous sommes au début des années 1950 et Philip, toujours en retrait de sa femme, se sent humilié.
C'est pourquoi elle lui confie, contre l'avis du palais, la responsabilité de l'organisation du couronnement qui doit avoir lieu le 2 juin 1953.
Mais au rituel traditionnel et sacré s'oppose l'esprit de modernité du Prince. Pour Philip, la royauté britannique doit évoluer pour rester en phase avec le monde. Fortement marqué par l'histoire de sa famille et son enfance, il sait à quel point les liens entre le peuple et la monarchie peuvent être ténus et conduire à des conséquences dramatiques. Le prince Philip n'en démord pas, il faut se moderniser pour survivre. Ainsi, il propose de retransmettre en direct le couronnement. La Reine, plutôt de nature conservatrice, se laisse pourtant convaincre par les arguments de son mari. Il la persuade que ce moyen va permettre à la couronne de toucher des millions de sujets, les habitants du Commonwealth bien sûr, mais aussi le monde entier. L'objectif du duc d'Édimbourg est que le peuple se sente plus proche de la famille royale et partage avec elle les grands événements qui ponctuent sa vie. Mais la vieille garde hurle à l'hérésie.

Du côté des traditionalistes, le Premier ministre Winston Churchill et l'archevêque de Canterbury, Geoffrey Fisher. Du côté des modernes, le prince Philip et la Reine, qui le soutient. Une bataille s'engage, mais le duc d'Édimbourg obtient satisfaction.

À Trafalgar Square,
la foule est présente
depuis la veille
du couronnement
(1er juin 1953)

La reine Elizabeth,
le jour du
couronnement,
sur le trajet
vers l'abbaye
de Westminster,
le 2 juin1953

La reine Elizabeth et
le duc d'Édimbourg
dans le carosse d'or les
menant à la cérémonie
du couronnement,
le 2 juin 1953

La cérémonie nécessitera quatorze mois de préparation. Deux jours avant le couronnement, les rues de la capitale britannique se remplissent d'une foule immense ayant parfois parcouru des milliers de kilomètres pour assister à cet événement historique.
Les jeunes filles demandent l'autorisation à leurs parents de camper sur place pour apercevoir le carrosse d'or et la Reine. Les parents savent qu'il n'y a rien à craindre, l'ambiance sera joyeuse, légère et très solidaire. Les gardes protégeront cet événement et le peuple, parfois aidant ces mêmes jeunes filles à enjamber les barrières à toute vitesse pour se rendre aux commodités après de longues heures d'attente.

Dès 7 heures du matin, la foule aperçoit les premiers des 7340 invités arrivant à l'abbaye de Westminster. Parmi eux, têtes couronnées du Laos, d'Éthiopie, des Pays-Bas ou de Monaco, des cheiks, des sultans, des généraux, le haut clergé, des élus, mais aussi des hommes et des femmes qui incarnent le royaume dans sa diversité.
À 11 h, le carrosse d'or s'élance vers l'abbaye de Westminster avec à son bord une reine calme, concentrée et heureuse, saluant la foule sur son passage. À ses côtés, le prince Philip est en uniforme d'amiral. La cavalerie et la marine royale escortent le cortège.
11 h 15, la procession de 260 personnes s'engage à remonter la nef de l'abbaye. Elizabeth II se retourne un court instant vers ses six demoiselles d'honneur et leur chuchote en souriant *« Allons-y, les filles »*.
Le premier acte du rituel millénaire peut commencer.

Le déroulement de la cérémonie est millimétré et respecte chaque geste exécuté depuis l'accession au trône d'Angleterre de Guillaume le Conquérant en 1066. La reine Elizabeth II est, en ce jour, le 40e souverain à accéder officiellement à cette position sacerdotale.
La Reine prononce le serment de couronnement. Elle peut alors rejoindre « la chaise du roi Édouard », le trône de couronnement sur lequel les souverains reçoivent l'onction depuis 1308. Mais cette partie de la cérémonie ne sera ni retransmise à la télévision ni parfaitement visible par les invités, la Reine et l'archevêque étant dissimulés sous un dais*. En effet, l'onction est le geste le plus sacré qui soit et doit rester dans le secret des dieux. L'archevêque de Canterbury prononce les paroles suivantes non sans émotion :

La longue et lente marche de la reine Elizabeth dans la nef de l'abbaye de Westminster, le 2 juin 1953

« Comme Salomon a été sacré roi par le prêtre Zadok et le prophète Nathan, sois sacrée, bénie et consacrée reine des peuples que le Seigneur ton Dieu t'a donné à diriger et à gouverner. »

La reine Elizabeth, lors de la cérémonie du couronnement. Abbaye de Westminster, 2 juin 1953.

La reine Elizabeth pendant la cérémonie du couronnement, le 2 juin 1953

L'archevêque de Canterbury présente à la Reine le sceptre à la croix, pendant la cérémonie du couronnement.

« Comme Salomon a été sacré roi par le prêtre Zadok et le prophète Nathan, sois sacrée, bénie et consacrée reine des peuples que le Seigneur ton Dieu t'a donné à diriger et à gouverner. » La Reine devient alors le chef suprême de l'église d'Angleterre.

Elle reçoit le sceptre royal à la croix (coiffé du plus gros diamant au monde), symbole du pouvoir royal et de la justice et le sceptre royal à la colombe, symbole du Saint-Esprit et de la miséricorde.
Le doyen de l'abbaye de Westminster s'avance alors vers la reine et lui présente la couronne, joyau en or massif serti de 275 pierres précieuses pour un poids de plus de deux kilos. Prévoyante, la Reine s'était entraînée quelques semaines durant à porter cette couronne si lourde, une heure par jour, assise à son bureau.
La Reine est couronnée. Un cri unanime retentit par trois fois dans l'abbaye *« God Save the Queen »*, immédiatement relayé par trois millions de personnes hurlant leur joie dans les rues de Londres.

La reine Elizabeth II ç son couronnement lors de la présentation des hommages.
À gauche, l'évêque de Durham et à droite, l'évêque de Bath et de Wells

La reine Elizabeth portant la Couronne et tenant l'orbe dans la main, sourit à la foule venue la saluer.

Sa Majesté est alors accompagnée vers le trône afin de recevoir les hommages des pairs du royaume. La silhouette de la Reine, qui semble si frêle sous ses apparats royaux ,revêt en même temps une force incroyable, peut-être déjà un indice sur son règne à venir.
Le duc d'Édimbourg est le premier à mettre un genou à terre devant sa reine. Mais ce moment de la cérémonie fut difficile à accepter pour celui qui vit déjà dans l'ombre de sa femme. Pour calmer ses doutes, Elizabeth avait alors dit à son mari *« Ce n'est pas devant moi que vous vous agenouillez, mais devant votre reine »*. Philippe honore son devoir et déclare : *« Moi, Philip, je deviens votre fidèle homme lige* ma vie durant... »* avant de lui déposer un léger baiser sur la joue. La procession quitte l'abbaye de Westminster sous le chant émouvant du chœur accompagné du son des cloches dont l'écho se fait entendre dans tout le royaume. *God Save the Queen.*

Le dernier acte de cet événement historique, dont certaines heureuses spectatrices se rappelleront comme l'un des plus beaux jours de leur vie, prend place au balcon de Buckingham, où la famille royale au complet vient saluer la foule, et enfin respirer. Elizabeth II entre dans l'Histoire pour une durée indéterminée.

La reine Elizabeth pose avec la famille royale. On y distingue le prince Philip, la Reine mère, la princesse Margaret et les enfants de la Reine, le prince Charles et la princesse Anne.

Suivant le modèle de la reine Victoria, la reine Elizabeth choisit d'être accompagnée lors de la cérémonie par des demoiselles d'honneur et non des pages.
Lady Moyra Hamilton
(auj. Lady Moyra Campbell),
Lady Anne Coke
(auj. The Rt Hon The Lady Glenconner),
Lady Rosemary Spencer-Churchill
(auj.Lady Rosemary Muir),
Lady Mary Baillie-Hamilton
(auj. Lady Mary Russell),
Lady Jane Heathcote-Drummond-Willoughby
(auj. The Rt Hon The Baroness Willoughby de Eresby),
Lady Jane Vane-Tempest-Stewart
(auj. The Rt Hon The Lady Rayne)

La reine Elizabeth et le duc d'Édimbourg saluent la foule depuis le balcon de Buckingham Palace, après la cérémonie du couronnement, le 2 juin 1953.

La silhouette de la Reine, qui semble si frêle sous ses apparats royaux, revêt en même temps une force incroyable, peut-être déjà un indice sur son règne à venir.

Vue aérienne d'une partie de la parade composée de soldats et de marins venus de tout le Commonwealth, en formation impeccable, accompagnant la sortie de la Reine de l'abbaye de Westminster, par la sortie Est, le long de Hyde Park, le 2 juin 1953

Le témoignage d'une jeune Française

Brigitte G.

En juin 1953, Brigitte, 20 ans, séjourne dans le sud de l'Angleterre depuis déjà quelques mois. Cette jeune Française est rapidement gagnée par la fièvre qui agite tout le pays : journaux, radios, magasins, voisins, tout le monde ne parle que des préparatifs et de l'organisation du couronnement d'Elizabeth. Les postes de télévision sont encore rares et Mrs B, chez qui elle réside, n'en possède pas. Apprenant qu'un an plus tôt, pour l'enterrement de George VI, certains n'avaient pas hésité à dormir le long du parcours du cortège, Brigitte décide de camper à son tour sur le trottoir londonien pour avoir la meilleure place. Elle convainc son ami Jean, qui séjourne comme elle dans le Hampshire, sa cousine Claude, jeune fille au pair à Londres chez un couple d'acteurs, Pat et Robin, de l'accompagner. Soixante-sept ans plus tard, son enthousiasme sur cette folle aventure est toujours aussi vif : elle nous confie les photos qu'elle a pu prendre et la lettre qu'elle a écrite à ses parents dès le lendemain pour leur raconter.

Les décorations qui traversent le Mall non loin de l'endroit où nous sommes installés.

L'amie de Jean et moi (à gauche) le matin du 1er juin. Nous grimaçons déjà mais nous ne sommes pas au bout de nos peines : nous allons devoir patienter ici encore plus de 24 heures avant le premier passage du cortège.

Mercredi 3 juin 1953,

Chers parents,

Merci de m'avoir laissée aller au couronnement : je ne pourrai jamais l'oublier ! Je vais donc vous raconter, avec toute la précision possible, comment se sont déroulées ces deux dernières journées.

Dimanche, Mrs B nous a conduites, Claude — venue passer le week-end à Milford-on-Sea — et moi, à la gare de Brockenhurst pour rejoindre Londres où nous sommes arrivées deux heures plus tard. Une fois à Paddington, nous avons retrouvé Robin à qui nous avons expliqué notre intention de nous installer sur le Mall dès le lendemain matin, ce qu'il a jugé complètement inutile en nous traitant d'idiotes. Claude a immédiatement déchanté. Étant comme Saint-Thomas, j'ai décidé d'aller voir ce qu'il se passait à Piccadilly, Regent Street et sur le Mall pour me faire une idée : tout était noir de monde, les gens ayant tous accouru pour regarder les décorations.

J'ai discuté le coup avec un bobby pendant un quart d'heure, il m'a donné de bons tuyaux et, en rentrant, j'ai annoncé à Claude ma décision d'aller là-bas dès le matin et lui ai dit exactement où : sur le Mall, tout près des Duke of York steps, côté droit en regardant Buckingham palace pour que la Reine soit de notre côté une fois couronnée. À cette place, j'avais en plus l'assurance de la voir à l'aller et au retour.

Nous nous sommes couchées, mais impossible de trouver le sommeil. Après avoir quand même dormi 2 h 30, j'ai reçu un coup de fil de Jean (arrivé de son côté avec une amie à 3 heures du matin à Waterloo) et lui ai donné rendez-vous à 7 heures et quart à Piccadilly. Pas moyen de me rendormir, j'avais trop peur de manquer le réveil.

Je suis partie vers 6 heures et quart de chez Robin et Pat, j'ai retrouvé Jean et son amie et nous sommes partis tous les trois fièrement, avec notre nourriture, nos couvertures et une TSF. Il y avait déjà quelques personnes, mais très peu. Nous avons donc installé nos quartiers. Nous aurions pu n'arriver qu'à 9 h 30, mais pas plus tard, car à 10 heures, tout le premier rang était déjà complet. Nous avons passé le temps comme nous pouvions en nous promenant chacun à notre tour.

Vers midi, Claude et Pat sont venues nous voir. Nos places leur ayant plu, elles ont annoncé qu'elles reviendraient plus tard. Nous étions donc les poireaux de service, mais, never mind : j'avais découvert deux énormes boîtes à biscuits et une grande planche dont nous avons fait un banc superbe.

Des toilettes étaient à 200 mètres à peu près de la colonne du duc d'York et d'autres, aussi à 200 mètres, dans Saint James Park, de l'autre côté du Mall. Nos voisins étaient très sympas. Sauf derrière nous où des touristes complètement « c... » passaient leur temps à s'interroger sur des stupidités, du type : « Alors, il y aura le carrosse, mais la Reine, est-ce qu'elle viendra ? »

Les gens, sinon, étaient très chics. Du moment que nous avions gardé 5 ou 6 places au premier rang et qu'une seule personne était là pour surveiller, ils n'avaient même pas l'idée de resquiller.

Vers 15 heures, Claude nous a rejoints, elle râlait tout le temps et s'agitait dans tous les sens.

À 17 heures, Pat est arrivée à son tour, au moment où il s'est mis à pleuvoir. J'avais mes espadrilles (!) ma jupe portefeuille, une blouse et des pulls. La pluie a continué de tomber pendant trois heures, mais nous nous sommes abrités sous des couvertures et n'avons pas été trop mouillés. Cela commençait à être plein à 19 h 30. Robin s'est joint à nous, muni des ultimes couvertures et d'un large parapluie.

Nous avons essayé de dormir : impossible. Vers minuit, une bagarre a démarré de notre côté : des gens s'étaient installés sur la chaussée, espérant qu'au matin, les bobbies les repousseraient sur le trottoir au premier rang. Nous avons tous rouspété. Un type a dit à Claude qu'elle se taise parce que « ce n'était pas sa Queen », un autre s'est moqué de mon accent en m'imitant, ce à quoi je lui ai répondu qu'on m'avait toujours dit que les Anglais étaient des gentlemen et que je voyais que ce n'était pas vrai : cela lui a cloué le bec ! La dame près de moi m'a dit que surtout, il ne fallait pas que je croie que tous les Anglais étaient comme cela. C'était une femme de 75 ans venue exprès de Jersey pour la circonstance. Finalement, les bobbies sont arrivés et les ont tous fait passer au dernier rang.

À 2 heures du matin, on nous a fait lever, mais tous ceux du premier rang ont pu se rasseoir. Claude geignait.

À 4 heures, elle s'est renseignée sur le premier métro qui la ramènerait à Paddington.

Jean et son amie, le matin du 1er juin. Il n'y a encore personne mais la foule ne va pas tarder à arriver.
Plus question dès lors d'utiliser ce matelas, nous serons bien trop serrés !

Vers 7h30, le matin du 2 juin : les grenadiers de la garde s'installent devant nous, heureusement sans nous boucher la vue.

Matin du 2 juin. Il n'est pas encore 8h30, tout est calme sur le Mall.

La cérémonie du couronnement est terminée. Le défilé reprend en direction de Buckingham Palace.

À 6 heures, elle a annoncé qu'elle rentrait, car elle en avait marre, mais une demi-heure après, elle est revenue, n'ayant pas réussi à atteindre la station de métro. Un peu plus tard, un rang de policiers s'est installé devant nous, ainsi que des secouristes de l'ordre de Saint John : qu'est-ce qu'il y a eu comme people qui s'évanouissaient !

À 7 h 30, les grenadiers de la garde se sont installés pour former la haie d'honneur depuis Buckingham palace jusqu'à un peu plus haut que nous. Venaient ensuite les fusiliers marins, puis les cadets de la marine et de Sandhurst jusqu'à l'abbaye (malheureusement, je ne les ai pas vus, car ils y sont allés par un autre chemin).

Vers 8 heures a surgi une bonne femme — je ne sais pas comment elle avait fait pour passer — qui s'est assise devant Pat et moi. Nous l'avons engueulée, mais pas moyen de la faire démarrer. Je l'ai traitée de tous les noms, nos voisins s'y sont mis, un bob l'a priée de partir, elle a refusé. Il l'a menacée de la conduire à la police station, elle a enfin décampé !

Vers 8 h 30 ont commencé à arriver les représentants des pays étrangers dans des voitures : quand il y avait un drapeau, cela allait, j'arrivais à les identifier.
J'ai ainsi repéré le prince héritier du Japon puis Jean et Joséphine-Charlotte de Luxembourg. Ensuite, a suivi la procession de calèches, dont celles de la reine du Tonga, du Pandit Neru et de sa fille.

Puis, toujours en calèches découvertes, a démarré la procession des Premiers ministres avec Churchill en tête, puis ceux des dominions, chacun suivi à cheval de quatre représentants de son armée.

Enfin, est venu le tour des calèches de la famille royale. Nous avons vu la princesse royale, sœur de George VI — qui ressemble beaucoup à Queen Mary, sa mère —, la duchesse de Kent, superbe (malheureusement, à l'aller comme au retour, elle n'a pas regardé de notre côté). Puis la Queen mother et Margaret : cette dernière avec un sourire figé, mais très bien.

À 10 h 35, sont passés les horse-guards et les beefeaters en grande tenue, puis, enfin, le state coach : Philip, en amiral de la flotte avec bicorne, était de notre côté : Elizabeth était très bien, l'air très ému. Montgomery et Mounbatten suivaient à cheval avec le duc de Gloucester, frère de George VI.

Il était 11 heures et nous avions dès lors à attendre jusqu'à 15 h 30 pour revoir quelque chose.

Je voulais aller aux toilettes, mais il était défendu de traverser le Mall, sauf si on était malade : un secouriste m'a dit de prendre l'air faible et m'a accompagnée pour traverser. J'ai dû faire une heure trente de queue ce qui m'a aidée à passer le temps. Ensuite, trombe de pluie : mes pieds étaient plus que trempés et frigorifiés.

Enfin, la cérémonie étant terminée, nous avons pu revoir la même chose que le matin, complété de tout le défilé des troupes. Nous n'avons pas arrêté de pousser des « hurrahs ! ». Quand nous avons revu Mounbatten, Jean et moi avons tous les deux hurlé « hurrah for Mounbatten! ».

Puis les beafeaters sont passés et, enfin, le state coach : la Reine cette fois était de notre côté et a fait un tellement beau sourire dans notre direction ! C'était magnifique ! J'ai vraiment l'impression d'avoir rêvé que j'ai vu tout cela.

Quand tout a été fini, des cordons de police ont été placés pour empêcher les foules de se ruer. Nous avons pu prendre le métro à Saint James Park pour rentrer à Paddington, boire de la soupe, du thé, et prendre un bon bain, car nous étions noirs de crasse.

Go to bed, j'ai dormi 12 h 30 d'un profond sommeil quand papa a téléphoné. Cet afternoon, je vais à Streatham où je resterai dîner. Ensuite, si j'ai le courage, j'irai voir les illuminations, mais ce n'est pas certain.

Demain, j'emmène Pat et Claude visiter la City, qu'elles ne connaissent pas, et reprendrai mon train back à 15 h 30.

Je vous embrasse très fort et vous quitte.

Brigitte

Le carrosse passe tout près de nous. J'ai pris ma photo un peu trop tôt car dans la seconde qui suit, Elizabeth se tourne vers nous et nous adresse un sourire radieux.

C'est la fin du cortège. Voilà 32 heures que nous sommes sur ce petit bout de trottoir. Malgré la fatigue, nous sommes encore tous galvanisés par ce spectacle éblouissant !

La reine Elizabeth dans le carrosse royal, juste après la cérémonie de couronnement

36 heures inoubliables
pour les spectateurs
venus en masse

CHAPITRE 7

Never complain, never explain

Le couple royal à la cathédrale de Rochester, le 30 mars 1961, pour la cérémonie du Jeudi saint

La reine Elizabeth, son mari le prince Philip, duc d'Édimbourg, et leurs enfants, Charles et Anne au château de Balmoral en Écosse, le 28 septembre 1952

Les enfants et les méthodes d'éducation, entre famille et charges officielles

La famille royale profite d'un pique-nique avec ses enfants, le prince Charles, la princesse Anne et le jeune prince Andrew, au château de Balmoral en Écosse, septembre 1960

La place de prince consort est non seulement potentiellement frustrante quand on est un homme en pleine possession de ses moyens et aimant diriger les autres comme l'est Philip d'Édimbourg, mais aussi à inventer. Aucun écrit, constitutionnellement parlant, ne précise son rôle spécifique. Contrairement aux reines consorts, qui sont couronnées, l'époux de la Reine ne l'est pas et demeure un de ses sujets.

Le duc d'Édimbourg a donc dû trouver sa propre place au sein de cette vie à la mécanique si singulière. Et surtout façonner son propre rôle. Heureusement, la sphère personnelle lui a permis de s'imposer et de s'épanouir rapidement. Le premier rôle qu'il tint donc naturellement fut celui de père. Malgré les efforts constants de la Reine pour garder un minimum de présence auprès de ses enfants, elle était bien trop occupée pour se consacrer à eux. Ce fut particulièrement vrai dans les premières années de son règne. Propulsée reine à 25 ans, elle était déjà mère de Charles, 4 ans et de Anne, 2 ans. Il fallait faire un choix, que la Reine fit sans hésitation. Un sacrifice qui n'en sera pas vraiment un, emportée qu'elle est par le sens du devoir.

Elizabeth II laisse régulièrement ses enfants plusieurs semaines ou plusieurs mois aux bons soins de leur père et de gouvernantes. Ayant vécu la même enfance, la Reine ne comprend pas l'angoisse et l'hypersensibilité de son fils aîné, le prince Charles. Au retour des six mois de tournée du Commonwealth, de novembre 1953 à mai 1954, pendant laquelle elle n'a pas vu son fils, elle s'avance vers l'enfant alors âgé de 5 ans et lui tend la main en guise de retrouvailles.

Le duc d'Édimbourg pousse le prince Charles et la princesse Anne sur une balancoire sous le regard de la reine Elizabeth dans le jardin du château de Balmoral pendant leurs vacances d'été, en août 1955.

Le duc d'Édimbourg, en kilt, au château de Balmoral, en Écosse, avec son épouse la reine Elizabeth et leurs deux jeunes enfants, le 20 janvier 1953

Le duc d'Édimbourg et son fils, le prince Charles dans les pas de son père, visitent Gordonstoun, où le jeune prince sera admis en 1961.

La famille royale au complet dans les salons du château de Sandringham, le 1er avril 1969

Un geste protocolaire immortalisé par les flashs des photographes que le petit garçon analysera plus tard comme la marque d'une profonde indifférence. Il sera d'ailleurs souvent reproché à la Reine sa froideur à l'égard de ses enfants. Une simple retenue, selon elle. Et peut-être un procès d'intention injuste pour celle qui n'eut ni le choix ni le loisir d'être aussi maternelle qu'elle l'aurait aimé.

Philip a toujours soutenu son épouse et s'occupe « pleinement » des enfants, secondé par des gouvernantes, qui le remplacent lors des nombreuses obligations ou voyages officiels qu'il doit honorer. La Reine fait une confiance totale à son époux et lui laisse le champ libre pour régenter leur vie familiale. Un juste retour des choses.

Cependant, élever des enfants s'avère un travail délicat. D'autant plus que les principes éducatifs du Prince et de la Reine diffèrent légèrement. Quand l'un ne jure que par l'autorité et l'exigence, l'autre prône la tolérance et la patience. Le Prince consort n'aime pas l'idée de voir grandir ses enfants dans du coton, incapables de se débrouiller seuls et surtout ne pas être armés face aux épreuves de la vie.

Si la Reine a grandi dans un environnement équilibré, une famille aimante et compréhensive, le prince Philip, quant à lui, doit sa survie physique et psychologique à sa seule force de caractère, façonnée à la dure. Il applique sa méthode autoritaire et quasi militaire sans que quiconque, même pas la Reine, ne puisse la critiquer. Alors qu'il est question d'envoyer le prince Charles au collège, Philip montre une inflexibilité féroce quant au choix de l'établissement. Cela sera le pensionnat écossais dans lequel il est lui-même allé, à Gordonstoun, ou rien.
La Reine n'est pas d'accord avec ce choix. Ce collège est loin, la discipline radicale, les conditions de vie bien trop austères pour un jeune garçon introverti et sensible. Le prince Charles n'est pas le reflet de son père au même âge, il ressemble bien plus à la longue lignée des grands timides de sa famille, comme sa mère, la reine Elizabeth II et son grand-père, feu le roi George VI.

La famille royale est réunie au château de Windsor pour fêter les 39 ans de la reine Elizabeth.

En 1969, la Reine et le Prince consort s'inquiètent de la distance qui semble se creuser entre le peuple et la monarchie. En effet, au cours des années 60 et 70, plus de 20 pays vont demander leur indépendance. Les critiques fusent sur le rôle de la monarchie et sur celui de la Reine. Le prince Philip a alors l'idée de faire réaliser un documentaire sur la famille royale afin de renouer des liens de proximité avec le peuple. Après un an de tournage, le documentaire sera diffusé en mai 1969. Véritable succès, le film sera pourtant renié par la famille royale quelques temps plus tard.

La reine Elizabeth avec le prince Philip et leurs enfants, le prince Charles, la princesse Anne, le prince Andrew et le prince Edward, photographiés dans les jardins du château de Windsor, Royaume-Uni, le 18 avril 1968

Mais le prince gagne la bataille, la sphère familiale étant son royaume. Les relations entre le père et le fils aîné, déjà compliquées, ne s'arrangeront pas avec cette décision. Les années collège du prince Charles seront effroyables, malgré ce qu'il déclarera par la suite, sources de souffrances et d'humiliations. Sans le vouloir, son père l'exposera exactement à ce qu'il voulait lui éviter. Le prince Charles lui en tiendra longtemps rigueur. Mais comme tous les pères, Philip crut bien faire. Car, sous une apparence sévère, froide et autoritaire, le prince consort essaie de protéger ses propres enfants des souffrances qu'il a lui-même endurées. Mais les incompréhensions et la distance s'installent. Si l'amour entre les membres de la famille royale est réel, la tendresse n'est pas de mise, non pas comme un effet de cette distance tout aristocratique dictée par la bienséance, mais plutôt pour des motifs plus triviaux : la Reine est absente et trop occupée et le Prince ne peut pas reproduire ce qu'il n'a lui-même pas reçu dans son enfance.

Héritier du trône, le prince Charles est celui de la fratrie sur lequel repose l'avenir de la couronne. Son père pense le préparer au mieux en essayant de l'endurcir. La reine Elizabeth assiste impuissante à l'incompréhension entre les deux hommes. Malgré des caractères très différents, voire opposés : le prince Charles est aussi peu sportif que son père est introverti, il est aussi peu charismatique et sûr de lui que son père est timide, il est aussi peu pragmatique que son père est romantique, les sujets qui les passionnent tous deux sont nombreux : l'art, la nature ou encore l'écologie. Pourtant, il faudra attendre de longues années pour que les tensions s'apaisent. Un membre de leur entourage déclarera à leur propos « *Il y a entre eux une sorte de tension constructive. Pourtant à bien des égards, les chemins qu'ils empruntent sont les mêmes.* » Dans le langage commun, on dirait qu'ils s'entendent comme chien et chat.

Pour la princesse Anne, puis Andrew et Edward, nés bien plus tard en 1960 et 1964, les rapports enfants-parents sont plus doux et apaisés, leurs enfances plus faciles. En effet, il ne règne au-dessus de ces têtes qui ne seront jamais couronnées, aucune pression. De plus, pour Andrew et Edward, leur naissance tardive, alors que la Reine a déjà plus de 8 ans de règne à son actif, leur permet d'être plus entourés par la Reine qui se sent moins épiée et obligée de faire ses preuves comme souveraine.

« Il y a entre eux une sorte de tension constructive. Pourtant à bien des égards, les chemins qu'ils empruntent sont les mêmes. »

Un membre de leur entourage

Le prince Philip a toujours été très proche de la princesse Anne. Ici lors d'un barbecue en 1970

Le prince Philip et le jeune prince Charles à l'aéroport de Londres : le Prince consort rentre de Malte où il vient de quitter le commandement de la frégate HMS Magpie. 27 juillet 1951

La reine Elizabeth remet les trophées au prince Philip, duc d'Édimbourg et au prince Charles, après leur victoire lors d'un match de polo, le 30 avril 1967.

Sous une apparence sévère, froide et autoritaire, le Prince consort essaie de protéger ses propres enfants des souffrances qu'il a lui-même endurées.

La reine Elizabeth et deux de ses enfants, le prince Andrew (à gauche) et le prince Edward, regardent un album photo en décembre 1971. Cette année-là, ce portrait a été utilisé pour la carte de voeux de la famille royale.

Quant à Anne, elle est, psychologiquement, le portrait craché du prince Philip. Sa relation avec son père est aussi simple que possible. Aucun sentiment d'abandon ni de rancune de son côté, contrairement à Charles, surnommé avec ironie Plum-Pudding par son père, et qui confiera ses blessures dans une biographie autorisée écrite par Jonathan Dimbleby en 1994.
Impossible de dire si la Reine ou le prince Philip ont ressenti des regrets quant à leur relation avec leur fils. Le flegme britannique additionné à la retenue royale ne laisse rien deviner. En revanche, ce qui est flagrant, c'est que ces parents, avec leurs lots de non-dits et de sentiments compliqués, rattrapent aujourd'hui le temps perdu, effacent les erreurs commises grâce aux liens tissés avec leurs petits-enfants.

La reine Elizabeth, comme son mari le prince Philip sont de vrais modèles et des soutiens indéfectibles pour les deux fils du prince Charles. Particulièrement présents et protecteurs lors du décès de leur mère, Lady Di en 1997, William, alors âgé de 15 ans, n'a accepté de suivre le cortège dans les rues de Londres que si son grand-père était à ses côtés. Au sujet de sa grand-mère, le futur roi, le prince William parle de liens *« de plus en plus forts »* avec celle qui est *« ma grand-mère d'abord, »* dit-il, *« avant d'être la Reine »*. Il dit également pouvoir lui poser *« n'importe quelle question, lui parler de tout »*.

Ainsi, si Elizabeth II honore et perpétue la relation très complice qu'elle entretenait avec son grand-père le roi George V et sa grand-mère, la reine Mary, le prince Philip reproduit l'amour qui le liait à sa grand-mère maternelle, la reine Victoria.

God save the kids.

Les membres de la famille royale entourant le jeune prince Charles chevauchant un chevreuil, en août 1951

Le Prince consort
n'aime pas l'idée de voir
grandir ses enfants
dans du coton, incapables
de se débrouiller seuls et
surtout de ne pas être armés
face aux épreuves de la vie.

CHAPITRE 8

Des passions simples

La reine Elizabeth II et le duc d'Édimbourg lors des Olympic Horse Trials de Badminton, en 1952

La reine Elizabeth II
à cheval
le 20 juin 1969

Elizabeth II et les chevaux

La reine Elizabeth II rend visite à un cheval en soins à l'étable vétérinaire de North Mimms à Hatfield, le 20 avril 1959.

Personnalités hors du commun, aux agendas et à la vie bien remplis, la reine Elizabeth II et son mari n'ont pourtant pas oublié de nourrir des passions respectives fortes. Des échappatoires, peut-être.

Dès sa plus tendre enfance, Elizabeth se trouve entourée de chevaux, en bois ou bien réels.

Depuis plusieurs générations, la famille royale se transmet des chevaux à bascule qui deviennent naturellement les compagnons de jeu préférés des enfants. Les filles de George VI organisent régulièrement des parades dignes d'un jubilé avec plus d'une trentaine de chevaux de bois et en peluches. Mais après qu'Elizabeth reçut son premier poney Shetland, appelé Peggy, de la part de son père pour son 4e anniversaire, elle apprit à monter sur de véritables équidés. Les chevaux en bois furent laissés dans un coin attendant leurs prochains propriétaires. Ils resteront ainsi des années dans les couloirs du palais de Buckingham comme un souvenir d'une époque insouciante, avant qu'ils ne soient transmis à leur tour aux enfants du prince William.

Devenue une cavalière émérite et passionnée, comme son père adoré, Elizabeth II ne jure plus que par ses pur-sang. Dès qu'elle en a l'occasion, elle se ressource auprès d'eux et suit de très près les courses hippiques. Une passion transmise de génération en génération, mais parfois un peu dévorante. En effet, au décès de sa mère, Elizabeth II dut régler 7 millions de livres sterling de dette, résultat malheureux des paris hippiques de la Queen Mum !

Cette passion, la Reine la partage avec son mari, devenu lui-même un très sérieux compétiteur dans les courses d'attelage.

Si l'emploi du temps de la Reine lui fait rater une course hippique, il n'est pas rare qu'elle la fasse enregistrer.

La reine Elizabeth et le prince Philip défilent devant le peuple britannique lors de la cérémonie Trooping The Colour, le 12 juin 1965.

Portrait de la reine Elizabeth se tournant vers le duc d'Édimbourg lors du rassemblement militaire Trooping the Colour (cérémonie qui célèbre la naissance du souverain britannique) lors de son 35e anniversaire, le 10 juin 1961

En témoigne cette anecdote : en accord avec Winston Churchill, grand amateur de courses hippiques, il fut décidé de la date du couronnement de la Reine en fonction de celle du derby d'Epsom. Il était hors de question pour Elizabeth et Philip de rater une telle course. Le jour même de la cérémonie, quand ses demoiselles d'honneur anxieuses lui demandèrent comment elle se sentait, elle répondit : *« Admirablement. Je viens d'avoir mon entraîneur au téléphone, Auréole a bien couru ce matin »*.

Aujourd'hui encore, à 94 ans, la silhouette discrète, mais déterminée de la Reine se faufile bien souvent aux aurores vers ses écuries pour une balade au grand air sur son poney fell noir, Carltonlima Emma.

Et dans le secret de la chambre privée de Sa Majesté, Elizabeth serait une grande amatrice de la lecture, avant de s'endormir, de quelques pages de romans policiers... se passant dans le milieu hippique, évidemment.

La Reine termine toujours
sa lecture intensive
de la presse quotidienne
par un quotidien hippique,
le *Racing Post*.

Sa Majesté la reine Elizabeth prend une photographie pendant le Royal Windsor Horse Show, le 17 mai 1981.

Elizabeth II et les chiens

La reine Elizabeth se détend dans le parc de Virginia Water au milieu de ses corgis, entre deux courses du Royal Windsor Horse auxquelles le prince Philip participe. 12 mai 1973

L'amour des animaux est présent dans tout l'arbre généalogique royal britannique, aussi sûrement que le sens du devoir ou de la discrétion.

Si la passion de la Reine pour les chevaux est partagée avec son époux, rien n'est moins sûr quant à celle d'Elizabeth II pour ses corgis chéris.
Indissociables de son image, les chiens de la Reine ont même posé avec elle pour le portrait officiel de ses 90 ans. Il faut reconnaître qu'elle a largement contribué à la notoriété de cette race de chiens de berger, car même si le Royaume-Uni détient le standard de race, ses représentants sont devenus les stars des réseaux sociaux grâce à Elizabeth II.

Le premier d'entre tous, car il y en a eu beaucoup, environ une trentaine, s'appelait Dookie. Il fut offert aux deux filles de Georges VI lorsque Lilibet eut 7 ans. Susan, son premier « vrai » corgi n'appartenant qu'à elle seule, lui sera donné pour ses 18 ans. Inséparable de la jeune chienne, la Reine ne la quittera même pas pour sa lune de miel avec le prince Philip. Tout au long de sa vie et de son règne, la Reine a toujours été accompagnée de ses fidèles compagnons, sur terre comme sur mer à bord du Britannia. Les mauvaises langues ajouteront : contrairement à son mari.

Elizabeth a eu jusqu'à 12 corgis en même temps. Ils possèdent leur propre pièce à côté de sa chambre (les appartements de la Reine et du Prince consort sont séparés, mais mitoyens) et restent à ses pieds inlassablement dans la solitude du bureau royal.

Une histoire d'amour, encore plus longue que celle que la Reine vit avec le prince Philip depuis plus de 73 ans. *Shocking!* Sa passion est telle que la Reine a lancé son propre élevage en 1949. Mais récemment, pour des raisons de sécurité, Elizabeth II a décidé d'arrêter l'élevage des corgis. Officiellement, les chiots pourraient représenter un danger en risquant de la faire tomber, mais officieusement, la Reine ne supporterait pas l'idée de laisser de chers petits orphelins le jour de son décès.

Le quotidien de la reine Elizabeth et du prince Philip, duc d'Édimbourg, lors d'un séjour à Balmoral en Ecosse, en 1975

Si le chien est le plus fidèle
ami de l'homme,
il est aussi celui de la Reine.

La reine Elizabeth et l'un de ses corgis au château de Balmoral, quelques mois après le décès de son père, le 28 septembre 1952

Le duc d'Édimbourg dans un planeur Eagle lors du Championnat national des planeurs à Lasham, au Royaume-Uni, le 28 juillet 1957

Philip et le sport

Le prince Philip au volant d'un prototype Aston Martin Lagonda, le 17 février 1978

De son côté, le Prince consort a développé des passions plus proches de son caractère fougueux.

La véritable passion de sa jeunesse, c'est la vitesse. Et en premier lieu la vitesse en avion. Après l'accession au trône de la reine Elizabeth, Philip d'Édimbourg se retrouve comme un lion en cage. Interdit de travailler, il s'occupe de ses enfants et des travaux de sa maison de Clarence House, mais cet ancien officier de la Royal Navy a besoin d'action. Il demande au pilote de chasse de la Royal Air Force (et aussi ancien secrétaire particulier de George VI) Peter Townsend, alors petit ami non officiel puis fiancé impossible de la sœur d'Elizabeth, Margaret (il leur sera interdit de se marier, car l'aviateur est divorcé), de lui donner des leçons sur avion privé. Emporté par la passion, Philip multiplie les heures de vol et les types d'appareils. Il obtient son brevet de pilote militaire en 1953, d'hélicoptère en 1956 et son brevet de pilote privé d'avions en 1959.

Amateur de sensations fortes, mais surtout de moments de liberté et d'évasion, il se voit officiellement prié d'arrêter de voler pour des raisons de sécurité. Le prince s'exécute, et réduit considérablement ses heures de vol.

Sportif émérite, il compense cette interdiction en brillant au polo, au cricket et à la voile. Joignant sa passion pour les chevaux à celle de la vitesse, il se lance dans les courses d'attelage et deviendra champion du monde par équipe.

Le duc d'Édimbourg
dans sa voiture,
entouré d'une nuée
d'admirateurs,
le 3 avril 1957

Mais c'est au volant de bolides que le duc d'Édimbourg retrouve ce sentiment de liberté qu'on lui refuse. Comme la Reine, qui n'a jamais eu besoin de passer son permis de conduire grâce à son statut, Philip adore conduire. Depuis ses années à Malte où il conduisait avec Lilibet, cheveux au vent, sur les petites routes de l'île à bord d'une MG TC décapotable, il collectionne les voitures, auxquelles il ajoute des gadgets électroniques en tout genre, dignes de James Bond. Dans les années 1950, le Prince s'offre un cabriolet Lagonda 3, peint dans sa propre couleur officielle, un vert sombre appelé « Edimburgh Green ». Il adore d'ailleurs conduire son épouse, alors jeune reine, dans les rues de la capitale anglaise et plus tard son fils aîné, Charles, pour ses rentrées scolaires dans son pensionnat écossais de Gordonstoun.

C'est également en Lagonda que Philip se rendit aux Jeux olympiques de Melbourne, en 1956. Le cabriolet avait été embarqué à bord du yacht royal, le Britannia.

Dans les années 60, le Prince traverse une période de séduction à l'anglaise, il s'offre un cabriolet Alvis TD21 noir pour passer des week-ends intimes à la campagne. Puis des Range Rover et des Land Rover Freelander se succéderont dans le domaine royal de Sandringham. Jusqu'à ce jour de janvier 2019 où le prince, alors âgé de 97 ans, décide d'arrêter de conduire suite à un accident de la route. *« Après y avoir mûrement réfléchi, le duc d'Édimbourg a pris la décision de renoncer volontairement à son permis de conduire ».* Heureusement, le Prince est plein de ressources.

Le prince Philip, perché sur le toit de sa Jeep, pointe du doigt une course hippique que la Reine observe avec sa paire de jumelles dans la propriété du duc de Beaufort, le 20 avril 1968.

Le prince Philip inspecte les voiles de son bateau au milieu de l'équipage du Bloodhound, avant de prendre le départ de la Britannia Cup pendant la semaine de Cowes, à l'île de Wight, en 1962.

Le prince Philip est à la barre du BlueBottle, un Dragon
offert par le Island Sailing Club de Cowes, à l'île de Wight.

La seule fois où la Reine
a été aperçue impatiente,
elle se hâtait pour assister
à une course d'attelage
à laquelle le prince Philip
participait.

Le prince Philip lors d'une compétition d'attelage à l'occasion du Windsor Horse Show, à Windsor en mai 1990

Le prince Philip participant à une compétition d'attelage dans le Berkshire, en 1989.

En 1953, le duc d'Édimbourg dirige son équipe sur le terrain de polo du parc Cowdray lors de la demi-finale de la Tyre Cup. L'équipe du prince consort remporte le match 6 à 4.

Le duc d'Édimbourg et la reine Elizabeth en pleine conversation lors d'un match de polo du duc, entourés de leurs enfants, la princesse Anne et le prince Charles, au Windsor Great Park, le 6 mai 1956

C'est l'oncle adoré de Philip, Lord Mountbatten, qui l'initia au polo. Ce sport de rapidité et de précision avait tout pour plaire au jeune homme fougueux qu'il était alors.

Le prince Philip, duc d'Édimbourg, dispute un match de polo dans le parc de Windsor, le 28 juillet 1967.

Le duc d'Édimbourg participe à un match de polo à bicyclette à Windsor, le 6 août 1967.

Philip et l'art

Le prince Philip peignant un tableau à l'huile. Une passion du Prince, peu connue, que les caméras de télévision capturèrent pour le documentaire « The Royal Family » diffusé le 21 juin 1969.

Passionné d'art, le Prince est à la tête d'une collection privée de plus de 2000 œuvres. Il a également développé un passe-temps moins connu, pour lequel il possède un véritable talent, celui de la peinture à l'huile.

Lors d'une exposition à la galerie du palais de Buckingham en 2016, les visiteurs ont eu la surprise d'y admirer une œuvre inconnue. Glissée entre des tableaux signés Hockney, Rubens et Rembrandt, une œuvre du prince Philip avait trouvé sa place. Il s'agissait d'un portrait du peintre Edward Seago, un ami intime du couple, en plein travail à son chevalet, réalisé pour répondre à un tableau du peintre représentant le prince Philip lui-même concentré à peindre. Une passion que le Prince aime garder secrète, comme beaucoup de ses passions.

Philip l'écolo

Le prince Philip plante un orme dans le Windsor Great Park, le 8 avril 1980. Il est accompagné de Ron Williamson, directeur général de la société Pitney-Bowes, Tim Gilligan du Tree Council, un phytopathologiste américain, ainsi que du professeur Eugene Byron Smalley (1926 - 2002), qui a développé une souche d'orme résistant à la maladie hollandaise de l'arbre.

Le prince Philip est aussi très engagé pour la protection de la nature. Il a d'ailleurs présidé de nombreuses associations de défense de l'environnement et des écosystèmes comme le WWF ou la Société Zoologique de Londres. Gestionnaire des grands domaines royaux de Windsor, il les a aussi très tôt convertis à l'agriculture biologique.

Le duc d'Édimbourg s'exprimant sur son engagement lors du 2e congrès international du WWF, qu'il contribua à créer, le 18 novembre 1970

CHAPITRE 9

Orgueil et préjugés

La reine Elizabeth II et le Prince Philip lors de l'ouverture de la 46e conférence interparlementaire à Westminster Hall, à Londres, le 12 septembre 1957

La reine Elizabeth II et le prince Philip assistent à la cérémonie du souvenir au Cénotaphe, le 8 novembre 1953 à Londres, Royaume-Uni.

Philip premier en privé mais second en public

La princesse Elizabeth et le prince Philip, le 20 novembre 1947

Le protocole est extrêmement strict sur ce point : le Prince consort doit toujours se trouver plusieurs pas derrière la Reine, deux au minimum, lors de leurs apparitions publiques. Comment un homme d'une telle envergure, si déterminé à exceller en tout, a-t-il pu accepter la place de numéro 2, pire de choisir délibérément l'ombre ? Difficile à imaginer quand on connaît l'énergie que le prince de Grèce et du Danemark a développée pour briller lors de ses jeunes années de formation. Pourtant Philip n'a jamais laissé paraître le moindre ressentiment quant à cette place d'éternel second. De nature secrète, doté d'un flegme et d'un sens de l'humour qui ne dédaigne pas l'autodérision, il vit une réalité plus simple qu'il n'y paraît. Aux yeux du monde, le duc d'Édimbourg n'est qu'un figurant, mais en vérité, dans le secret de la sphère privée, il tient le rôle principal.

Il est celui qui se trouve le plus proche, la personne la plus importante pour la souveraine britannique, celui qui s'adresse à la Reine normalement, qui n'acquiesce pas à tout ce qu'elle dit, qui n'a pas besoin de la courtiser ni de la brosser dans le sens du poil royal, il est son mari. Celui à qui elle a dit oui sans demander la permission à son père, celui à qui elle a juré obéissance lors de l'échange de leurs vœux alors que rien ne l'y obligeait. Au contraire même, c'est la future reine qui aurait insisté contre l'avis de l'establishment royal pour garder cette partie du serment.

Lors de son mariage avec le Prince, Elizabeth II était assurée de devenir souveraine un jour. Ne pas jurer obéissance à qui que ce soit semblait évident. Mais elle y tenait. Elle souhaitait ménager la fierté de son futur mari, tant elle était consciente des sacrifices que l'exercice de la royauté allait lui demander.

La reine Elizabeth et le prince Philip, le jour de la célébration de leur 25e anniversaire de mariage au château de Balmoral, en Écosse, en novembre 1972

Si le Prince accepte cette place qui aurait pu ne pas convenir à son tempérament dominateur, c'est aussi parce que sa femme, à cet instant, s'est soumise à lui par amour certes, mais devant le monde entier. Il fallait que Philip soit reconnu publiquement comme le chef traditionnel de sa famille. L'équilibre était alors établi.

Dans sa vie privée, le Prince consort mène une vie de couple avec ses hauts, ses bas, avec ses bagarres d'égo et ses désaccords, où mari et femme sont à égalité et où Philip peut remporter la partie. La Reine laisse d'ailleurs le Prince diriger la vie familiale et prendre les décisions qui s'imposent, quand elles n'interfèrent pas avec l'intérêt de la couronne, toujours prioritaire. Par exemple, Elizabeth II ne cède pas et impose de déménager de Clarence House au palais de Buckingham, contre l'avis de son mari, très attaché à cette maison. Il en est de même pour le nom de Mountbatten, nom de famille de Philip qu'il tient à donner à ses enfants. Il n'en est pas question, le nom de Windsor sera celui de la famille. La couronne, le devoir l'emportent toujours. Mais pour l'éducation des enfants et la gestion de la vie domestique, elle le laisse seul roi en son royaume. Peut-être la revanche la plus importante du petit garçon abandonné par ses parents.

En ce qui concerne sa vie publique, Philip doit laisser la place, s'incliner devant celle qui n'est alors plus sa femme, mais sa reine, choisie par Dieu. Lors de la préparation du couronnement, les discussions entre Elizabeth II et le Prince consort sont âpres. Il est prévu que le duc d'Édimbourg soit le premier à s'agenouiller devant la Reine. Un acte d'obéissance, un symbole compliqué à accepter pour ce jeune et fougueux mari. La Reine, préoccupée par l'orgueil froissé de cet homme, déploie des arguments imparables. Ce n'est pas devant elle en tant que femme ou en tant qu'épouse qu'il s'agenouille, mais devant la reine d'Angleterre et du Commonwealth, devant un symbole, bien plus grand que leur simple union. Le jour venu, Philip joue le jeu et jure d'être son homme lige* et chevalier servant, jusqu'au bout.

« Mon travail est d'abord, ensuite et toujours, de ne jamais la laisser tomber. »

Prince Philip

La princesse Elizabeth, escortée de sa sœur la princesse Margaret et de son fiancé Philip Mountbatten, arrive à l'abbaye de Westminster pour la répétition générale de son mariage, le 19 novembre 1947.

« Le jour où il m'a embauché, il m'a dit que son job, le premier, le seul, le plus important de tous, était de toujours être là pour elle, de ne jamais la décevoir. »

Michael Parker

La reine Elizabeth et le prince Philip, duc d'Édimbourg lors de leur arrivée en Angleterre après une tournée de 6 semaines au Canada. La Reine mère, la princesse Margaret, la princesse Anne et le prince Charles sont venus les attendre à l'aéroport de Londres, le 2 août 1959.

La Reine et le duc d'Édimbourg sur la passerelle de leur avion à l'aéroport de Londres, avant leur départ pour une tournée dans le Commonwealth, le 23 novembre 1953

Il devient ensuite son conseiller personnel. Son secrétaire particulier de 1948 à 1957, Michael Parker raconte : *« Le jour où il m'a embauché, il m'a dit que son job, le premier, le seul, le plus important de tous, était de toujours être là pour elle, de ne jamais la décevoir. »* Un rôle que le Prince consort résumera parfaitement, à sa manière, directe et laconique : *« Mon travail est d'abord, ensuite et toujours, de ne jamais la laisser tomber ».*

Philip sera le partenaire idéal de ce destin hors du commun, car même si « le roi règne, mais ne gouverne pas », le rôle politique du souverain reste essentiel par sa présence, son conseil et son exemple. La Reine ne s'appartient pas, elle est au service de ceux qu'elle représente. Et le Prince consort avec son naturel désarmant, son humour gaffeur et sa sensibilité, lui offre un peu de la légèreté que son rôle lui refuse. L'empathie et l'insatiable curiosité de Philip permettent également à Elizabeth II de rester connectée avec le monde dans lequel elle vit. De plus, il dépoussière une monarchie corsetée grâce à des idées novatrices dont l'objectif est toujours de rapprocher la couronne de son peuple.

C'est le prince consort qui est à l'origine de la retransmission en direct dans tous les foyers possédant un téléviseur du couronnement de la Reine et de la réalisation d'un documentaire « Royal Family » en 1969 pour redorer le blason de la monarchie, alors en perte de vitesse dans le cœur des Britanniques. Elizabeth II reconnaît d'ailleurs qu'une partie de son succès en tant que monarque revient aisément à son mari. L'intelligence avec laquelle les époux royaux se répartissent les rôles est certainement la raison du succès de ce règne à la longévité exceptionnelle.

Il la soutient, la protège et ne manque aucun de ses engagements. Il est celui qui l'aide à corriger un timbre de voix qu'on juge trop aigu, lui fait travailler sa diction, relit ses discours et ses interventions, comme ses vœux annuels de Noël, dont il se moque gentiment. La complicité entre les époux ne s'est jamais tarie malgré les décennies. Le Prince, beaucoup plus libre que la Reine, ne se gêne jamais pour faire des commentaires ou donner son avis quand cette dernière se doit au contraire de garder une grande réserve et ne rien laisser paraître de ce qu'au fond, elle pense.

« Il est quelqu'un qui n'accepte pas aisément les compliments, mais il a été et reste très simplement ma force depuis toutes ces années. Et moi, toute sa famille et ce pays avec beaucoup d'autres, nous avons une dette envers lui bien plus grande que nous pourrions l'affirmer ni même l'imaginer. »

La reine Elizabeth II et le prince Philip arrivent à la cérémonie de l'ordre du Chardon (ordre de chevalerie écossais) à la cathédrale Saint-Gilles d'Édimbourg, en Écosse, le 7 juillet 2006.

Distinguer les deux Elizabeth, l'épouse et la Reine, est le secret de la gestion miraculeuse par le Prince de cette vie qui officiellement le laisse sur le carreau. La personnalité du Prince consort, construite sur les ruines d'une enfance malheureuse et solitaire, mais qui jongle entre autodérision, sens des responsabilités, fantaisie et confiance en lui, apporte un souffle d'air frais à la Reine, et surtout une épaule solide sur laquelle se reposer. En lui offrant la stabilité qu'il n'a pas connue enfant, il lui assure un soutien indéfectible.

Lors de leur 50e anniversaire de mariage, Elizabeth II, contrairement à ses habitudes, se risquera même à une très belle, mais pudique déclaration : *« Il n'est pas quelqu'un qui accepte aisément les compliments, mais il a été et reste très simplement ma force depuis toutes ces années. Et moi, toute sa famille et ce pays, avec beaucoup d'autres, nous avons une dette envers lui bien plus grande que nous ne pourrions l'affirmer ni même l'imaginer. »*

Si l'adage populaire prétend que se cache toujours une femme derrière un grand homme, c'est l'inverse qui se montre particulièrement vrai pour le règne d'Elizabeth II.

**Homme lige : personne entièrement dévouée à quelqu'un, un groupe, et comme inféodée à lui.*

CHAPITRE 10

L'important c'est d'aimer

La reine Elizabeth et le prince Philip, duc d'Edimbourg marchant parmi le bétail des Highlands, sur les terres du château de Balmoral, le lieu de villégiature préféré de la famille royale. Octobre 1972

La reine Elizabeth et son époux le duc d'Édimbourg rient à gorge déployée devant une acrobatie à la corde effectuée par deux jeunes recrues lors de leur visite d'un camp militaire au Pays de Galles, le 11 mai 1963 au Royaume-Uni.

Les secrets de la longévité du couple royal

La reine Elizabeth II et le prince Philip lors d'une visite officielle en Sierra Leone en 1961

La reine a une habitude qu'elle affectionne particulièrement. Depuis le début de son règne, elle envoie un télégramme personnel à tous les centenaires de son royaume afin de les féliciter d'avoir atteint cet âge canonique. Connaissant l'humour et le goût des facéties qui lient Elizabeth II au Prince consort, il est certain que la reine ne va pas se priver d'envoyer un petit mot à son mari le 10 juin 2021 prochain, si tout va bien..

La longévité du Prince, 99 ans, et de la Reine, 94 ans, est remarquable. Il faut néanmoins préciser que les gènes royaux n'y sont probablement pas pour rien. Deux des aïeules de la Reine ont vécu jusqu'à 84 et 90 ans aux XVIIe et XVIIIe siècles, quand la durée de vie moyenne était alors de 30 ans ! La Queen Mum, la mère de la Reine a vécu jusqu'à 101 ans... Quant à la grand-mère de Philip, la princesse Victoria de Hesse, elle a vécu jusqu'à 87 ans. La reine Victoria, la trisaïeule que partagent les cousins issus de germains au 3e degré, est décédée à 82 ans au début du XXe siècle. Une longue lignée à la vitalité inégalée que les époux royaux surpassent, en sérieux compétiteurs, ajoutant à leur pedigree la palme du souverain ayant régné le plus longtemps sur le Royaume-Uni pour Elizabeth II, atteignant en 2020 les 68 ans de règne (contre 62 pour la reine Victoria), rejointe par Philip qui pulvérise le record absolu de longévité d'un prince consort aux côtés d'un souverain.

99 et 94 ans, 68 ans de règne, 72 ans de mariage, les chiffres donnent le tournis.

Mais comment ce couple a-t-il pu survivre au temps, à l'Histoire, aux trahisons, aux crises et aux naufrages successifs, conjugaux et existentiels des membres de leur famille ?

La Reine Elizabeth II et son mari le prince Philip partagent un moment de complicité avec le Premier ministre indien Pandit Nehru (1889-1964) , lors d'un rassemblement national des cadets à New Delhi, le 28 janvier 1961.

« Le bonheur dans le mariage est uniquement une question de chance » écrit Jane Austen dans le roman *Orgueil et Préjugés*. Rien n'est moins vrai pour Elizabeth II et le prince Philip, qui doivent plutôt leur bonheur à l'association parfaite de leurs caractères respectifs, à une complicité sans égale et surtout à l'amour et au respect qu'ils se portent.

Depuis ses 13 ans, Lilibet regarde Philip avec des étoiles dans les yeux. Elle est et ne sera la femme que *« d'un seul homme et n'a jamais regardé personne d'autre »* avouera sa cousine germaine, Margaret Rhodes. La reine Mary devine d'ailleurs chez sa petite-fille une inclinaison si forte pour ce beau prince qu'elle pressent un destin identique à celui de la reine Victoria, qui une fois éprise du prince Albert de Saxe-Cobourg-Gotha, consacrera sa vie entière à cet homme.

De son côté, si Philip aime regarder les femmes, il est, paraît-il, bien plus sage que les rumeurs d'infidélités ne l'ont laissé supposer. Il est surtout un conjoint prévenant et attentionné, soucieux de son épouse, présent pour elle avec une constance et une loyauté qui forcent l'admiration.

L'engagement, le sens des responsabilités et du devoir ne sont pas de vains mots pour Elizabeth II et le Prince consort. Ces traits de caractère constituent le ciment de ce couple aux personnalités totalement opposées. Le célèbre adage qui affirme que les contraires s'attirent semble trouver sa pleine mesure chez la Reine et Philip.

Elizabeth II est d'un tempérament réservé, timide, sérieux. Le Prince est extraverti, drôle et va facilement vers les autres. Elle est casanière, c'est un aventurier. Tout les oppose *« mais s'il y a au monde une chose sainte et sublime, c'est l'union de deux de ces êtres si imparfaits et si affreux. »**. La réussite de leur vie amoureuse et de leur vie publique n'aurait pas été la même l'un sans l'autre. C'est lui qui l'aide à surmonter son caractère introverti, à aller vers le public. C'est lui qui la fait sourire grâce à ses traits d'humour ou à ses gaffes, pour lesquelles la Reine fait preuve de la plus grande indulgence, même quand ces dernières sont très politiquement incorrectes. Elle l'a accepté tel qu'il est, avec ses emportements, son inépuisable énergie, ses engouements farfelus et ses idées nouvelles. Ils sont libres d'être qui ils sont, même au cœur de cette captivité que la couronne peut parfois symboliser.

La Reine Elizabeth II, hilare, marche avec le prince Philip après l'inauguration de la fontaine érigée à la mémoire de Diana, princesse de Galles, à Hyde Park, à Londres, le 6 juillet 2004.

La reine Elizabeth II pose avec son mari le prince Philip, duc d'Édimbourg,
lors de leur voyage à Lisbonne au cours de la visite royale au Portugal, en février 1957.

La reine Elizabeth fraîchement débarquée du Britannia, le paquebot royal, pour un voyage officiel en Gambie avec le prince Philip, est accueillie par le Gouverneur Sir Edward Windley le 5 décembre 1961 à Bathurst, Gambie.

Le couple royal incarne le calme au milieu de la tempête, la tempérance et un équilibre à toute épreuve, personnel et professionnel, dans une vie où ces deux mots ne sont jamais distincts. Cette stabilité était le souhait le plus cher de la Reine, la condition sine qua non du maintien d'une monarchie puissante et peut-être également la condition *sine qua non* du succès de son mariage, offrant à Philip ce qui lui a manqué dans les premières années de sa vie. La stabilité de la couronne est comme un écho à celle du couple.

Mais un mariage de plus de 7 décennies ne peut pas ne pas avoir tangué ni traversé bien des épreuves. À peine quelques mois après le couronnement d'Elizabeth II, le couple vacille. À 30 ans, la carrière dans la Navy du Prince est finie et Philip trouve difficilement sa place dans le carcan de la royauté, où il se sent inutile. Débordée par sa nouvelle fonction et les preuves qu'elle doit faire, la Reine est absente. Son emploi du temps est surchargé : lecture des documents officiels et confidentiels consignés dans les célèbres boîtes rouges scellées et qu'elle seule peut ouvrir, lecture de plusieurs journaux représentant différents courants politiques du pays, réponse aux courriers, rendez-vous avec ses conseillers, déjeuners, inaugurations, discours, ventes de charité, les journées sont longues et épuisantes.

De son côté, le Prince s'ennuie, sort beaucoup et des rumeurs d'infidélités commencent à parvenir jusqu'aux oreilles des conseillers de la Reine. Très vite, le Tout-Londres apprend l'existence du Thursday Club, un cercle très fermé dont Philip est membre depuis 1946 et qui se réunit chaque jeudi au 1er étage du restaurant le Wheeler. Les spéculations sur cette assemblée mondaine vont bon train. Il y serait question d'un feu d'artifice de repas arrosés, de jolies femmes à qui on fait la cour, de serveuses à qui on pince les fesses et de blagues trop osées.

Mais ces rumeurs blessent les époux. La Reine comprend que le Prince a besoin d'exister et de trouver sa place. En 1956, Elizabeth II envoie Philip faire le tour du monde à bord du Britannia dans le but d'aller inaugurer les Jeux olympiques de Melbourne. La Reine pressent qu'elle doit faire des concessions et accorder une plus grande reconnaissance à son mari. Elle le retrouvera au Portugal, après une séparation de 4 mois, pour établir les nouvelles règles de leur partenariat. Le duc d'Édimbourg y gagne un titre de « prince de Grande-Bretagne » et le droit de donner son nom à leurs deux prochains enfants, Andrew et Edward. Le Graal !

La reine Elizabeth et le duc d'Edimbourg font un tour en calèche sur le champ de course hippique le 18 juin 1963 à Ascot, Royaume-Uni.

La vie continue sur de nouvelles bases et sur les chapeaux de roue. Hyperactif, le Prince consort rivalise avec la Reine sur le nombre de ses engagements. Il a trouvé une place qui lui convient parfaitement en s'impliquant dans le monde associatif, du mouvement écologique à l'éducation de jeunes gens défavorisés. Engagé dans plus de 800 associations, Philip trouve toujours le temps de faire rire et rougir sa Reine. Ils s'amusent comme des enfants, même si les leurs grandissent et s'éloignent. Les épreuves n'auront pas raison de la solidité du couple. Ce qui ne les tuera pas les rendra plus fort. Main dans la main et la tête haute.

En 1963, la lente réaction de la Reine face à la catastrophe d'Aberfan, village minier au sud du Pays de Galles, victime d'un glissement de terrain faisant 144 morts, dont 116 enfants, fait pleuvoir les critiques sur l'attitude froide et insensible d'Elizabeth II. Mais le prince Philip vole à son secours et se rend sur les lieux du drame avant elle pour la représenter.

Puis les drames et les crises s'enchaînent : en 1976, Margaret, la sœur de la Reine est photographiée avec son amant sur une île paradisiaque ; en 1979, Louis Mountbatten, l'oncle et père spirituel de Philip est assassiné par l'IRA** avec des membres de sa famille, lors de vacances en Irlande sur son bateau.

En 1992, le divorce de sa fille Anne, la séparation de son fils Andrew d'avec Sarah Ferguson, duchesse d'York, la parution du livre de Lady Di, *Diana : Her True Story*, qui relate la liaison de son mari le prince Charles avec Camilla

En 1973, la reine Elizabeth II dépose une couronne en hommage aux victimes
de la tragédie de la mine de charbon d'Aberfan au Pays de Galles, en 1966.

« Je pense que la leçon principale que nous avons apprise est que la tolérance est l'ingrédient essentiel de tout mariage heureux. (...) Vous pouvez comprendre en me voyant que la Reine a comme qualité la tolérance en abondance. »

Prince Philip
sur la longévité
du couple

A l'occasion de leur noces de diamant, le couple royal se rend à Broadlands, dans le Hampshire, l'ancienne demeure du duc de Mountbatten, là où 60 ans plus tôt ils ont passé leur nuit de noce.

Parker-Bowles et l'incendie d'une partie du château de Windsor conduisent la reine à qualifier cette année d'*annus horribilis****. Peut-être la pire année pour la famille royale. Mais les épreuves ne sont pas terminées.

Les années passent, les rides se creusent et l'énergie des débuts laisse la place à des envies de longues promenades dans la lande écossaise. En 2017, à 97 ans, le duc d'Édimbourg annonce son retrait de la vie publique ! Il accumule les problèmes de santé et aspire à mener enfin une vie simple. En 2020, le prince Harry et Meghan Markle décident de se mettre en retrait de la famille royale, provoquant la surprise et l'inquiétude de la Reine. Si la retraite de la monarchie n'existe pas, celle des aléas de la vie non plus.

Heureusement, le couple a pu compter sur la grande joie du tourbillon des naissances royales. À la tête d'une tribu impressionnante, Elizabeth II et le prince Philip passent beaucoup de temps entourés de leurs huit arrière-petits-enfants, qui surnomment tendrement la reine d'Angleterre « Gan Gan ».

Le temps, l'adversité, les bouleversements historiques, les grands chagrins ne semblent pas avoir eu de prise sur l'amour et la connivence du couple. Quand, en décembre 2019, le prince Philip est revenu à Buckingham Palace après sa dernière hospitalisation et qu'il est de nouveau apparu devant la reine en l'appelant par son surnom préféré *« sausage »*****, leur entourage jure, qu'à 94 ans, ils ont vu Elizabeth II rire et rougir.

Peut-être le secret le mieux gardé de l'exceptionnelle longévité de leur histoire d'amour ?

* *Alfred de Musset,* On ne badine pas avec l'amour

** *IRA : L'Armée républicaine irlandaise*

*** *Annus horribilis : en latin, année horrible. Une expression qui fait référence à l'annus mirabilis du poème de John Dryden, publié en 1667.*

**** *Sausage: saucisse*

1928

La jeune princesse Elizabeth

1949

la princesse Elisabeth, portant un chapeau au style unique, le 26 mai 1949 à Londres, Royaume-Uni

1965

Lors de la visite de la reine Elizabeth II à l'île de Wight, à Ventnor, le 26 juillet 1965

1977

La reine Elizabeth II portant un chapeau bleu durant une visite en Nouvelle Zélande en 1977

La reine Elizabeth II aurait porté plus de 5000 chapeaux différents depuis le début de ses apparitions dans la sphère publique ! Elle en posséderait personnellement plus de 500 ! Les chapeaux de la Reine sont d'ailleurs si célèbres qu'ils font régulièrement l'objet de paris chez les bookmakers...

Un siècle de couvre-chefs

Le prince Philip en costume d'officier en 1946

1946

Le duc d'Édimbourg en avril 1965 lors des Badminton Horse Trials dans le Gloucestershire

1965

Le prince Philip d'Édimbourg portant un chapeau de paille, se détend à Tuvalu, le 27 octobre 1982.

1982

Le prince Philip, le 20 juin 1995

1995

2000

La Reine se plaît parfois à arborer quelques plumes sur ses chapeaux, comme ici en Écosse, en août 2000.

2005

Un chapeau sobre et chic pour l'inauguration du monument érigé pour la police nationale, le 26 avril 2005

2009

Sa Majesté la reine Elizabeth II, habillée en chapeau et manteau vert

2014

Portrait de la reine Elizabeth II lors de sa visite officielle à Paris en avance sur le 70e anniversaire du Jour J

Le prince Philip se pare
de tous les styles de
chapeaux tant que ceux-ci
sont élégants et adaptés
à sa tenue.

Le prince Philip profite ici de sa visite au Royal Windsor Horse Show au château de Windsor, 12 mai 2000.

2000

Le prince Philip participe à une course d'attelage pendant le Royal Windsor Horse Show, le 15 mai 2005.

2005

Le prince Philip, duc d'Édimbourg lors d'une course d'attelage pendant le Royal Windsor Horse Show, le 15 mai 2016

2016

Le prince Philip toujours aussi passionné à 98 ans, pendant une course du Royal Windsor Horse Show, le 09 mai 2019

2019

Photos et illustrations

Collection particulière de photos du couronnement : Brigitte G.

Images de famille : Editorial Royal Fund

Getty Images

Queen Elizabeth II and Prince Phillip. She is seated and wearing a crown, he is standing in uniform. Undated photograph (Photo Bettmann / Getty images) ▌ July 1935: Prince Philip of Greece dressed for the Gordonstoun School's production of 'MacBeth', in Scotland. (Photo by Fox Photos/Getty Images) ▌ Prince Philip of Greece, later Duke of Edinburgh, as a toddler, July 1922. (Photo by Hulton Archive/Getty Images) ▌ circa 1910: Alice, Princess of Greece, (1885 - 1969), the wife of Prince Andrew of Greece, (1882 - 1944), and mother of Prince Philip, Duke of Edinburgh. Born Princess Alice of Battenberg, she was a great grand-daughter of Queen Victoria. (Photo by Hulton Archive/Getty Images) ▌ circa 1920: Prince Andrew of Greece, brother of Constantine I and father of Prince Philip, Duke of Edinburgh. (Photo by Keystone/Getty Images) ▌ circa 1929: Prince Philip of Greece, later Duke of Edinburgh, with his schoolmates at the MacJannet American school in St Cloud. The prince is the second boy from the left. Original Publication: Picture Post - 5679 - A Prince Grows Up - pub. 1952 Original Publication: The Leader - 28th May 1949 (Photo by Picture Post/Hulton Archive/Getty Images) ▌ Prince Phillip of Greece, later the Duke of Edinburgh, wearing traditional Greek dress, aged 9. (Photo by © Hulton-Deutsch Collection/CORBIS/Corbis via Getty Images) ▌ UNITED KINGDOM - AUGUST 04: Prince Philip Of Greece And Great Britain (Left) Plays The Role Of Donald Bane During An Outdoor Performance Of Macbeth In Scotland August 4, 1935. (Photo by Keystone-France/Gamma-Keystone via Getty Images) ▌ 1/29/38-Miami, Florida: Captain the Lord Louis Mountbatten, cousin to the King of England, and intimate friend of the Duke of Windsor, with Lady Mountbatten on the terrace of the Miami Biltmore Country Club, where they are visitors. ▌ Philip Mountbatten, later Prince Philip, Duke of Edinburgh, pictured in the rigging of the Gordonstoun sail-training vessel, Prince Louis, during his time at Gordonstoun School, circa 1938. (Photo by Paul Popper/Popperfoto via Getty Images/Getty Images) ▌ PRoyal Family with Lord Mountbatten (Photo by Hulton-Deutsch/Hulton-Deutsch Collection/Corbis via Getty Images) ▌ Crown Princess Elizabeth of Great Britain, later Queen Elizabeth II, with her pony, at age 10. (Photo by Bettmann via Getty Images) ▌ Princess Elizabeth (Queen Elizabeth II) pictured smiling with a book at Windsor Castle, Berkshire, Great Britain, 22 June 1940. (Photo by Lisa Sheridan/Studio Lisa/Getty Images) ▌ Princess Elizabeth (now Queen Elizabeth II, right) and her younger sister Princess Margaret Rose (1930 - 2002) knitting for the forces in the grounds of the Royal Lodge in Windsor Great Park, April 1940. (Photo by Lisa Sheridan/Studio Lisa/Hulton Archive/Getty Images) ▌ Princess Elizabeth (Queen Elizabeth II) pictured at Windsor Castle, Berkshire, Great Britain, 22 June 1940. (Photo by Lisa Sheridan/Studio Lisa/Getty Images) ▌ Princess Elizabeth of York. Daughter f the Duke and Duchess of York (Photo by Bettmann via Getty Images) ▌ Albert Frederick Arthur George, future George VI and his wife Elizabeth Bowes-Lyon future Queen Elizabeth at the christening of their first daughter Princess Elizabeth, future Queen Elizabeth II, 29th May 1926. (Photo by: Universal History Archive/Universal Images Group via Getty Images) ▌ CIRCA 1933: Princess Elizabeth (Elizabeth II of Great Britain from 1952) as a child on the steps of Y Bwthn Bach (The Little House) the play house given by the people of Wales (Photo by Universal History Archive/Getty Images) ▌ 1931: Future King and Queen, George, Duke of York (1895 - 1952) and Elizabeth, Duchess of York (1900 - 2002), with their daughters, Princesses Elizabeth (centre) and niece Diana, at Glamis Castle in Angus, Scotland, for the Golden Wedding celebrations of the Earl and Countess of Strathmore, the Duchess' parents. (Photo by Central Press/Getty Images) ▌ Princess Elizabeth sitting in the horse drawn carriage with her grandparents King George V and Queen Mary on the way back to Balmoral after attending church at nearby Crathie. 5th September 1932. 00124625 (Photo by Daily Mirror/Mirrorpix/Mirrorpix via Getty Images) ▌ April 1940: Princess Elizabeth out riding at the Royal Lodge, Windsor. (Photo by Lisa Sheridan/Studio Lisa/Getty Images) ▌ The Royal family in 1936. George VI, 1895 - 1952. King of the United Kingdom and the Dominions of the British Commonwealth. Queen Elizabeth, The Queen Mother. Elizabeth Angela Marguerite Bowes-Lyon, 1900 - 2002. Wife of King George VI and mother of Queen Elizabeth II. Princess Elizabeth of York, future Elizabeth II, born 1926. Queen of the United Kingdom. Princess Margaret, future Countess of Snowden, 1930 - 2002. From The Coronation Book of King George VI and Queen Elizabeth, published 1937.(Photo by: Universal History Archive/Universal Images Group via Getty Images) ▌ Princess Elizabeth (now Queen Elizabeth II) with two corgi dogs at her home at 145 Piccadilly, London, July 1936. (Photo by Lisa Sheridan/Studio Lisa/Hulton Archive/Getty Images) ▌ The Duke of Gloucester riding with Princess Elizabeth in Windsor Great Park, c1936. The future Queen Elizabeth II with her uncle, Prince Henry, Duke of Gloucester. Illustration from George V and Edward VIII, A Royal Souvenir, by FGH Salusbury, a souvenir book published as Edward VIII was crowned following the death of his father, George V, (Daily Express Publication, London, 1936). (Photo by The Print Collector/Print Collector/Getty Images) ▌ CIRCA 2000: Official photo of coronation of english king George VI may 12, 1937 : George VI of England with queen Elizabeth (future queen mom) and their daughters : princess Margaret and princess Elizabeth (future queen Elizabeth II) (Photo by Apic/Getty Images) ▌ The British Royal Family appearing on the Buckingham Palace balcony and greeting the crowd after the coronation of George VI. London, 12th May 1937 (Photo by Mondadori via Getty Images) ▌ 21st April 1939: Princess Elizabeth with a pony in Windsor Great Park, Berkshire. (Photo by Central Press/Getty Images) ▌ Portrait de la reine Elizabeth II et de Philip Mountbatten, Duc d'Edimbourg. (Photo by API/Gamma-Rapho via Getty Images) ▌ Queen Elizabeth II filming the arrival of the escort ship HMNZS Black Prince, while in the South Pacific en route to Fiji, aboard the SS Gothic during the coronation world tour, 11th December 1953. On the left is Prince Philip. (Photo by Hulton Archive/Getty Images) ▌ 1939: Princess Margaret (1930 - 2002) and Princess Elizabeth (right), admiring their old cot at an exhibition of Royal treasures, at 145 Piccadilly, London, England, their old home before the Duke of York ascended to the throne. The Royal cot later nursed Princess Elizabeth's children. (Photo by Central Press/Getty Images) ▌ Prinz Philip*10.06.1921- Duke of EdinburghPrince consort to Queen Elizabeth IIPhilip (bottom row, 3rd from l) with members of the student cricket team of Gordonstoun- around 1938 (Photo by ullstein bild/ullstein bild via Getty Images) ▌ 22nd June 1940: A portrait of Princess Elizabeth taken at Windsor Castle. (Photo by Lisa Sheridan/Studio Lisa/Getty Images) ▌ The Royal Princesses Elizabeth (Elizabeth II) and Margaret (1930 - 2002) with a Pembroke Welsh Corgi dog in their garden at the Royal Lodge in Windsor Great Park, UK, April 1940. (Photo by Lisa Sheridan/Studio Lisa/Hulton Archive/Getty Images) ▌ 22nd June 1940: Princess Elizabeth playing a piano at Windsor Castle, Berkshire. (Photo by Lisa Sheridan/Studio Lisa/Getty Images) ▌ 8th July 1941: Princesses Elizabeth (right) and Margaret Rose (1930 - 2002) sunbathing outside Windsor Castle, Berkshire. (Photo by Lisa Sheridan/Studio Lisa/Getty Images) ▌ King George VI with Queen Elizabeth and their daughters Elizabeth (Later Queen Elizabeth II) and Princess Margaret, at Buckingham Palace, London during World war Two. 1942. (Photo by: Universal History Archive/Universal Images Group via Getty Images) ▌ Princess Elizabeth at Windsor Castle, UK, 8th July 1941. (Photo by Lisa Sheridan/Hulton Archive/Getty Images) ▌ 8th July 1941: Princess Elizabeth (right) and Princess Margaret Rose (1930 - 2002) playing with their pet chameleon in the grounds of Windsor Castle, Berkshire. (Photo by Lisa Sheridan/Studio Lisa/Getty Images) ▌ P.52 Princesses Elizabeth (l) and Margaret with their dog Chung at the Royal Lodge at Windsor. (Photo by Hulton-Deutsch Collection/CORBIS/Corbis via Getty Images) ▌ A 16-year-old Princess Elizabeth registers for war service under the Ministry of Labour's Youth Registration Scheme, 25th April 1942. She is wearing her Girl Guide uniform. (Photo by Central Press/Hulton Archive/Getty Images) ▌ Princess Elizabeth learning basic car maintenance as a Second Subaltern in the A.T.S 12th April 1945. (Photo by Daily Mirror/Mirrorpix/Mirrorpix via Getty Images) ▌ King George VI and the Queen with Princess Elizabeth, Princess Margaret and WinstonChurchill on the Balcony of Buckingham Palace on VE-Day, London, 8th May 1945. (Photo by Culture Club/Getty Images) ▌ CANADA - DECEMBER 01: Princess Elizabeth trains as A.T.S. officer. (Photo by Toronto Star Archives/Toronto Star via Getty Images) ▌ Queen Elizabeth II. Princess Elizabeth as Junior Commander in the ATS inspecting The Motor Transport Training Centre at Camberley, Surrey during the Second World War. Circa May 1945. (Photo by NCJ Archive/Mirrorpix/Mirrorpix via Getty Images) ▌ 8th July 1946: George VI with the Royal Family, at the Royal Lodge at Windsor Castle. (Photo by Lisa Sheridan/Studio Lisa/Getty Images) ▌ 8th July 1941: Queen Elizabeth with her daughters Princess Elizabeth and Princess Margaret (1930 - 2002) by a syringa bush in the grounds of Windsor Castle, Berkshire. (Photo by Lisa Sheridan/Studio Lisa/Getty Images) ▌ In this handout image from the Royal Collection, made available November 18, 2007, Princess Elizabeth and The Duke of Edinburgh walking in the grounds of Broadlands, the home of the Duke's uncle, Earl Mountbatten, on their honeymoon, circa November 1947. (Photo by Pool/Anwar Hussein Collection/WireImage) ▌ Princess Elizabeth (later Queen Elizabeth II) at her desk in her sitting room at Buckingham Palace, 19th September 1946. (Photo by Lisa Sheridan/Royal Lisa/Hulton Archive/Getty Images) ▌ Editorial Royal Fund ▌ 20th November 1947: Crowds watching the King's coach turning into The Mall, London, on its way back to Buckingham Palace after the wedding of Princess Elizabeth and Prince Philip. (Photo by Keystone/Getty Images) ▌ Princess Elizabeth, later Queen Elizabeth II with her husband Phillip, Duke of Edinburgh, after their marriage, 1947. (Photo by © Hulton-Deutsch Collection/CORBIS/Corbis via Getty Images) ▌ Princess Elizabeth, the future Queen Elizabeth II, in the state apartments at Buckingham Palace during her engagement to Prince Philip, Duke of Edinburgh, July 1947. (Photo by Hulton Archive/Getty Images) ▌ JUNE 21: Princess Elizabeth sounds the whistle of a Beyer-Garratt locomotive watched by her sister, Princess Margaret and the South African Minister of Transport, F C Sturrock, during the Royal family's tour of South Africa in 1947. (Photo by SSPL/Getty Images) ▌ King George VI at the Royal Lodge at Windsor. (Photo by © Hulton-Deutsch Collection/CORBIS/Corbis via Getty Images) ▌ 7/11/1947-London, England- Princess Elizabeth, Britain's future queen, and Lt. Philip Mountbatten shown at Buckingham Palace. On her engagement finger, the Princess wears a three-diamond ring, symbolic of her bethrotal. Photo was made July 10th when the royal lovers made their first public appearance following announcement of their engagement by King George. ▌ Princess Elizabeth (later Queen Elizabeth II) and naval Lieutenant Philip Mountbatten (later Duke of Edinburgh) photographed for the first time since the announcement of their engagement, 10th July 1947. (Photo by Central Press/Hulton Archive/Getty Images) ▌ Princess Elizabeth (later Queen Elizabeth II) and her fiance, Philip Mountbatten (centre), at a Buckingham Palace garden party, 10th July 1947. (Photo by Keystone/Hulton Archive/Getty Images) ▌ 20th November 1947: Princess Elizabeth and The Prince Philip, Duke of Edinburgh waving to a crowd from the balcony of Buckingham Palace, London shortly after their wedding at Westminster Abbey. (Photo by Keystone/Getty Images) ▌ NOVEMBER 20: Wedding Of Princess Elizabeth And Duke Of Edinburgh. The Royal Procession Arriving At Buckingham Palace. On November 20Th, 1947 (Photo by Keystone-France/Gamma-Keystone via Getty Images) ▌ NOVEMBER 1947: Princess Elizabeth & Prince Philip (front row center) posing with other family members as well as members of European nobility after their wedding. (Photo by British Combine/British Combine/The LIFE Picture Collection via Getty Images) ▌ UNITED KINGDOM - NOVEMBER 20: Wedding Of Princess Elizabeth And Duke Of Edinburgh. On November 20Th, 1947 (Photo by Keystone-France/Gamma-Keystone via Getty Images) ▌ 31st July 1947: Lieutenant Philip Mountbatten, husband of Princess Elizabeth resumes his attendance at the Royal Naval Officers' School at Kingsmoor in Hawthorn, Wiltshire. (Photo by PNA Rota/Getty Images) ▌ 23rd November 1947: Official photograph of Princess Elizabeth and her husband on honeymoon at Broadlands, Romsey, Hampshire. (Photo by Central Press/Getty Images) ▌ Princess Elizabeth (later Queen Elizabeth II) and her husband, Philip Mountbatten, study their wedding photographs while on honeymoon in Romsey, Hampshire, November 1947. (Photo by Keystone/Hulton Archive/Getty Images) ▌ Playful Portrait of the Royal Family . (Photo by Bettmann via Getty Images) ▌ P.88 FRANCE - JANUARY 01: Paris, Elysee Palace, The Princess Elizabeth And The Duke Of Edinburgh In 1948 (Photo by Keystone-France/Gamma-Keystone via Getty Images) ▌ Princess Elizabeth and the Duke of Edinburgh on The rue du Faubourg Saint-Honoré, Paris, France. May 1948. (Photo by Daily Mirror/Mirrorpix/Mirrorpix via Getty Images) ▌ 1948, PARIS, ELYSEE PALACE, FRENCH PRESIDENT VINCENT AURIOL WITH PRINCESS ELIZABETH AND THE DUKE OF EDINBURGH. (Photo by KEYSTONE-FRANCE/Gamma-Rapho via Getty Images) ▌ 15th May 1948: Queen Elizabeth II, as Princess Elizabeth, broadcasts to the French people in French as she opens the 'Eight Centuries of British Life in Paris' exhibition in Paris. From left: Bloauit, the French foreign secretary, Princess Elizabeth, the Duke of Edinburgh, Pineau, the Minister of Reconstruction and Pierre de Gaulle, president of the municipal council. (Photo by Keystone/Getty Images) ▌ La princesse Elizabeth du Royaume-Uni à bord d'une vedette sur la Seine, avec son époux le prince Philip, lors de sa visite à Paris, le 15 mai 1948, France. (Photo by KEYSTONE-FRANCE/Gamma-Rapho via Getty Images) ▌ Her Majesty Queen Elizabeth II pictured when she was Princess Elizabeth with her first baby Prince Charles at Christening 1948 weby queen010306 dtgu2 (Photo by mirrorpix/Mirrorpix/Mirrorpix via Getty Images) ▌ Princess Elizabeth (later Queen Elizabeth II of Great Britain) with her husband Prince Philip, Duke of Edinburgh and their baby son Prince Charles, July 1949. (Photo by Fox Photos/Hulton Archive/Getty Images) ▌ LONDRES, ROYAUME-UNI - 26 MAI: Princesse Elisabeth, portant un chapeau au style unique, a son depart a l aeroport accompagnee par le Duc d Edimbourg, le 26 mai 1949 a Londres, Royaume-Uni. (Photo by Keystone-France\Gamma-Rapho via Getty Images) ▌ 10.06.1921- Herzog von Edinburgh, Prinz von GrossbritannienPrinzgemahl K?nigin Elisabeths II.bei einem Besuch in Malta- 1949 (Photo by ullste) ▌ P.96 Portrait of Princess Elizabeth and Prince Philip with their baby daughter Princess Anne following her christening, at Buckingham Palace, October 23rd 1950. (Photo by Fox Photos/Hulton Archive/Getty Images) ▌ Princess Elizabeth and her husband Prince Philip, Duke of Edinburgh pictured standing together on a roof promenade above Villa Guardamangia overlooking Marsamxett harbour on the island of Malta in November 1949. (Photo by Paul Popper/Popperfoto via Getty Images/Getty Images) ▌ The coffin of the late King George VI passes through the grounds of Windsor Castle during his funeral procession. (Photo by Hulton-Deutsch Collection/CORBIS/Corbis via Getty Images) ▌ 11/5/1952-London, England: Queen Elizabeth II, 26 years young, is radiantly happy here as she waves and smiles in acknowledgement of the cheers of the crowd as she drove in the state coach to the House of Lords yesterday. History was made as the young queen appeared in the House of Lords to open the First Parliament of her reign. Her address, prepared by the government, indicated that Britain will swing back to Capitalism in 1953 by denationalizing the steel and trucking industries. ▌ Crowds waiting by the King Charles statue in Trafalgar Square for Queen Elizabeth's coronation parade, 1st June 1953. (Photo by Fox Photos/Hulton Archive/Getty Images) ▌ Queen Elizabeth II in her coronation crown, 1953. Known as St Edward's Crown, it was made in 1661 for the coronation of King Charles II, and is reputed to contain gold from the crown of Edward the Confessor. It is set with 444 precious stones. (Photo by Hulton Archive/Getty Images) ▌ Queen Elizabeth II wearing a crown and jewels, rides with Prince Philip, Duke of Edinburgh as they arrive back at Buckingham Palace after attending a Foreign Office dinner at Lancaster House in London, June 5th 1953. (Photo by Paul Popper/Popperfoto via Getty Images/Getty Images) ▌ 2nd June 1953: Crowds lined around Pall Mall and Trafalgar Square, central London, watching Queen Elizabeth II as she tours the city after her Coronation at Westminster Abbey. (Photo by Fox Photos/Getty Images) ▌ 1952: Happy crowds at the accession to the throne of Queen Elizabeth II. (Photo by Keystone/Getty Images) ▌ Queen Elizabeth II during her coronation. 1953. (Photo by: Universal History Archive/Universal Images Group via Getty Images) ▌ Queen Elizabeth II during her coronation. 1953. (Photo by: Universal History Archive/Universal Images Group via Getty Images) ▌ The coronation of Elizabeth II of the United Kingdom, took place on 2 June 1953 at Westminster Abbey, London. (Photo by: Universal History Archive/Universal Images Group via Getty Images) ▌ coronation of Elizabeth II of the United Kingdom, took place on 2 June 1953 at Westminster Abbey, London. Queen Elizabeth II, with the Duke of Edinburgh, at Buckingham Palace shortly after their return from Westminster Abbey. (Photo by: Universal History Archive/Universal Images Group via Getty Images) ▌ The coronation of Elizabeth II of the United Kingdom, took place on 2 June 1953 at Westminster Abbey, London. (Photo by: Universal History Archive/Universal Images Group via Getty Images) ▌ The coronation of Queen Elizabeth II in Westminster Abbey, London, 2nd June 1953. The Archbishop of Canterbury, Geoffrey Fisher, presents the Queen with the Sceptre with the Cross. (Photo by Topical Press Agency/Hulton Archive/Getty Images) ▌ Queen Elizabeth II prepares to receive Homage after her coronation ceremony in Westminster Abbey, London, 2nd June 1953. Michael Ramsey (1904 - 1988), the Bishop of Durham, is on the left, and Harold William Bradfield (1898 - 1960), the Bishop of Bath and Wells, is on the right. (Photo by Keystone/Hulton Archive/Getty Images) ▌ 2nd June 1953: Queen Elizabeth II wearing the State Crown and carrying the State orb in a Royal carriage after her Coronation ceremony. Original Publication: Picture Post - 6537 - The Coronation Of Queen Elizabeth - pub. 1953 (Photo by Picture Post/Hulton Archive/Getty Images) ▌ UNITED KINGDOM - FEBRUARY 01: Queen ELIZABETH, the Duke of EDINBURGH, the QUEEN mother ELIZABETH, Princess MARGARET, Prince CHARLES and Princess ANNE posing with other members of the royal family. (Photo by Keystone-France/Gamma-Keystone via Getty Images) ▌ HM Queen Elizabeth II with her maids of honour, Green Drawing Room, Buckingham palace, 2nd June 1953. In selecting six Maids of Honour instead of pages to bear her velvet train throughout the Coronation ceremony, the Queen followed the precedent of Queen Victoria. Lady Moyra Hamilton (now Lady Moyra Campbell), Lady Anne Coke (now The Rt Hon The Lady Glenconner), Lady Rosemary Spencer-Churchill (now Lady Rosemary Muir), Lady Mary Baillie-Hamilton (now Lady Mary Russell), Lady Jane Heathcote-Drummond-Willoughby (now The Rt Hon The Baroness Willoughby de Eresby), Lady Jane Vane-Tempest-Stewart (now The Rt Hon The Lady Rayne). (Colorised black and white print). Artist Cecil Beaton. (Photo by The Print Collector/Getty Images) ▌ Queen Elizabeth II and the Duke of Edinburgh on the day of their coronation, Buckingham Palace, 1953. (Colorised black and white print). Artist Unknown. (Photo by The Print Collector/Getty Images) ▌ In perfect formation, soldiers and sailors from the far-corners of the British Commonwealth march in the coronation procession of Queen Elizabeth II, on June 2nd. This overhead shot shows a portion of the awe-inspiring parade marching up East Carriage Drive bordering the famed Hyde Park, and passing through the Marble Archway on the return procession from Westminister Abbey. ▌ Coronation. London, England: Queen Elizabeth, just after the crowning.(Photo Bettmann by Getty Images) ▌ 28th September 1952: Queen Elizabeth with her husband Prince Philip, Duke of Edinburgh and her children, Charles and Anne at Balmoral Castle in Scotland. (Photo by Lisa Sheridan/Studio Lisa/Getty Images) ▌ Baby Prince Andrew perches on Prince Philip's lap during a picnic on the grounds of Balmoral Castle. Also pictured are Queen Elizabeth, Prince Charles, and Princess Anne. ▌ ROYAUME-UNI - AOUT 1955: Le Duc d'Edimbourg pousse les enfants le Prince Charles et la Princesse Anne sur la balancoire sous le regard de la Reine Elizabeth dans le jardin du Chateau de Balmoral pendant leurs vacances d'ete en aout 1955 au Royaume-Uni. (Photo by Keystone-France\Gamma-Rapho via Getty Images) ▌ The Queen is seen in pleated skirt and close-fitting, three-button jacket. The Duke of Edinburgh is in kilts with Prince Charles and Princess Anne in corduroys and short woolen jackets. ▌ Prince Charles - The Prince of Wales at Gordonstoun School, in step with his father the Duke of Edinburgh and bringing up the rear is Captain Iain Tennant, Chairman of the Board of Govenors (Photo by NCJ Archive/Mirrorpix/Mirrorpix via Getty Images) ▌ 1st April 1969: The Royal Family relaxing in a drawing room at Sandringham House, Norfolk (clockwise) Prince Edward, Prince Philip, Duke of Edinburgh, Queen Elizabeth II, Princess Anne, Charles, Prince of Wales and Prince Andrew. (Photo by Hulton Archive/Central Press/Getty Images) ▌ 1965: Queen Elizabeth II and The Prince Philip, Duke of Edinburgh with their children (right to left); Charles Prince of Wales, Prince Andrew, Prince Edward and Princess Anne celebrating the Queen's 39th birthday at Windsor. (Photo by Keystone/Getty Images) ▌ Prince Charles is shown here at home with his family for a quiet weekend at Sandringham. Prince Charles is looking over the shoulder of his mother Queen Elizabeth II, who is talking to Princess Anne and Prince Edward, while Prince Philip stands with a book in hand in the drawing room. ▌ La reine Elizabeth avec le prince Philip et leurs enfants le prince Charles, la princesse Anne, le prince Andrew et le prince Edward photographiés dans les jardins du château de Windsor, Royaume-Uni, le 18 avril 1968. (Photo by KEYSTONE-FRANCE/Gamma-Rapho via Getty Images) ▌ 27th July 1951: The Prince Philip, Duke of Edinburgh takes Prince Charles by the hand upon their arrival at London Airport from Malta, where the Duke relinquished command of the Royal Navy Frigate, HMS Magpie. (Photo by Fisher/Central Press/Getty Images) ▌ Queen Elizabeth II awarding Prince Philip, Duke of Edinburgh and Charles, Prince of Wales with trophies after a polo match, 30th April 1967. (Photo by Michael Stroud/Express/Hulton Archive/Getty Images) ▌ Queen Elizabeth II looking at a photograph album with her sons Prince Andrew (left) and Prince Edward, December 1971. Footage of this scene was used in the Queen's Christmas Broadcast of 1971, to illustrate the theme of family. (Photo by Hulton Archive/Getty Images) ▌ Olympic Horse Trials, held at Badminton in 1952. Queen Elizabeth II and the Duke of Edinburgh, watching the Trials in ? Landover car.. (Photo by: Universal History Archive/Universal Images Group via Getty Images) ▌ Queen Elizabeth II and Princess Margaret out riding at Ascot, 20th June 1969. Antony Armstrong-Jones, 1st Earl of Snowdon is on the left, in the background. (Photo by Ron Case/Keystone/Getty Images) ▌ HATFIELD, ROYAUME-UNI - 20 AVRIL: La Reine Elizabeth II rend visite à un cheval en soins à l'étable vétérinaire de North Mimms le 20 avril 1959 à Hatfield, Royaume-Uni. (Photo by Keystone-France\Gamma-Rapho via Getty Images) ▌ Queen Elizabeth II and Prince Philip return to Buckingham Palace in London after the Trooping The Colour ceremony, 12th June 1965. (Photo by Hulton Archive/Getty Images) ▌ The Queen turns towards the Duke of Edinburgh during the 1961 Trooping the Colour ceremony to mark her 35th birthday. (Photo by © Hulton-Deutsch Collection/CORBIS/Corbis via Getty Images) ▌ Her Majesty Queen Elizabeth II taking a picture at the Royal Windsor Horse Trials, 17th May 1981. (Photo by Mirrorpix/Getty Images) ▌ BALMORAL;SCOTLAND - 1975: Queen Elizabeth II and Prince Phillip the Duke of Edinburgh relaxing with their corgis and newspapers at Balmoral in 1975. (Photo by Anwar Hussein/Getty Images) ▌ Virginia Water, England: A non-typical reader in the park, surrounded by family pets is England's Queen Elizabeth II. The monarch is taking time out from watching the Marathon Coaching Event of the Royal Windsor Horse Show, in which her husband Prince Philip is participating. ▌ Queen Elizabeth II of England at Balmoral Castle with one of her Corgis, 28th September 1952. UPI color slide. (Photo by Bettmann via Getty Images) ▌ LASHAM, ROYAUME-UNI - 28 JUILLET : Le Duc D'Edimbourg est harnache dans un planeur Eagle lors du Championnat National de planeurs le 28 juillet 1957 a Lasham, Royaume-Uni. (Photo by Keystone-France\Gamma-Rapho via Getty Images) ▌ ROYAUME-UNI - 03 AVRIL : Le Duc D'Edimbourg dans sa voiture le 3 avril 1957 au Royaume-Uni. (Photo by Keystone-France\Gamma-Rapho via Getty Images) ▌ The Duke of Edinburgh at work on one of his hobbies, painting, 19th June 1969. A scene from the television documentary 'Royal Family'. (Photo by Keystone/Hulton Archive/Getty Images) ▌ Prince Philip, Duke of Edinburgh (centre) planting an elm tree, resistant to dutch elm disease, in Windsor Great Park, 8th April 1980. With him are (left to right: Ron Williamson, Managing Director of the Pitney-Bowes company, Tim Gilligan of the Tree Council and American plant pathologist, Professor Eugene Byron Smalley (1926 - 2002), who developed the resistant strain of elm. Windsor Castle is in the background. (Photo by Fox Photos/Hulton Archive/Getty Images) ▌ 18th November 1970: The Duke of Edinburgh speaking at the Second International Congress of the World Wildlife Fund. (Photo by Central Press/Getty Images) ▌ The Duke of Edinburgh, Prince Phillip, at the helm of his boat the Bloodhound looking up at his sails as he and his crew prepare for the Britannia Cup event at Cowes in 1962. (Photo by © Hulton-Deutsch Collection/CORBIS/Corbis via Getty Images) ▌ The Bluebottle sailing on the Solent. Next to the Duke of Edinburgh sits the helmsman, Lt-Commander Michael Crichton. The Bluebottle, a yacht of the Dragon class (about 18 ft. long) was presented to Their Royal Highnesses Princesses Elizabeth and the Duke of Edinburgh by the Island Sailing Club.The Duke contested his first race on the yacht when he entered the Bluebottle at a recent yachting event at Cowes. In the yacht's crew of three, the Duke acted as third hand. On the first day, Bluebottle came in third but disqualified itself through grazing a buoy; on the second she finished 7th. | Location: Near Cowes, England, UK. (Photo by Hulton-Deutsch/Hulton-Deutsch Collection/Corbis via Getty Images) ▌ 165 The Bluebottle sailing on the Solent. Next to the Duke of Edinburgh sits the helmsman, Lt-Commander Michael Crichton. The Bluebottle, a yacht of the Dragon class (about 18 ft. long) was presented to Their Royal Highnesses Princesses Elizabeth and the Duke of Edinburgh by the Island Sailing Club.The Duke contested his first race on the yacht when he entered the Bluebottle at a recent yachting event at Cowes. In the yacht's crew of three, the Duke acted as third hand. On the first day, Bluebottle came in third but disqualified itself through grazing a buoy; on the second she finished 7th. | Location: Near Cowes, England, UK. (Photo by Hulton-Deutsch/Hulton-Deutsch Collection/Corbis via Getty Images) ▌ WINDSOR, ROYAUME-UNI - 06 MAI : Le Duc D'Edimbourg et la Reine Elizabeth en conversation lors d'un match de polo du Duc, avec leurs enfants la Princesse Anne et le Prince Charles a Windsor Great Park le 6 mai 1956 a Windsor, Royaume-Uni. (Photo by Keystone-France\Gamma-Rapho via Getty Images) ▌ Prince Philip, Duke of Edinburgh, playing polo at Windsor Park, UK, 28th July 1967. (Photo by Daily Express/Getty Images) ▌ The Duke of Edinburgh taking part in a bicycle polo match at Windsor. (Photo by © Hulton-Deutsch Collection/CORBIS/Corbis via Getty Images) ▌ UNITED KINGDOM - JANUARY 01: On April 20, 1968, Prince PHILIP, perched on his Jeep, points out one of the racehorses during the competition taking place on the Duke of BEAUFORT's estate. The Queen watches the race through binoculars. (Photo by Keystone-France/Gamma-Keystone via Getty Images) ▌ LONDRES, ROYAUME-UNI - 08 NOVEMBRE: La Reine Elizabeth II et le Prince Philip assistent à la cérémonie du souvenir au Cénotaphe le 8 novembre 1953 à Londres, Royaume-Uni. (Photo by Keystone-France\Gamma-Rapho via Getty Images) ▌ Queen Elizabeth II and Prince Philip celebrating their 25th silver wedding anniversary at Balmoral, Scotland, November 1972. (Photo by Fox Photos/Getty Images) ▌ LONDRES, ROYAUME-UNI - 19 NOVEMBRE: La Princesse Elizabeth, escortee de la Princesse Margaret et de Lord Mountbatten, arrive a l'abbaye de Westminster sous les cameras pour une repetition generale de son mariage, le 19 novembre 1947 a Londres, Royaume-Uni. (Photo by Keystone-France\Gamma-Rapho via Getty Images) ▌ Queen Elizabeth II and Prince Philip, Duke of Edinburgh return to England at the end of their six week tour of Canada. They flew home in a Comet IV. The Queen Mother, Princess Margaret, Prince Charles and Princess Anne were at London Airport to meet them. 2nd August 1959. (Photo by Daily Mirror/Mirrorpix via Getty Images) ▌ LONDRES, ROYAUME-UNI - 23 NOVEMBRE: La Reine et le Duc D Edimbourg sur la passerelle de leur avion avant leur depart pour leur tournee dans le Commonwealth, le 23 novembre 1953 a Londres, Royaume-Uni. (Photo by Keystone-France\Gamma-Rapho via Getty Images) ▌ Queen Elizabeth II and Prince Philip, Duke of Edinburgh arrive for the Thistle Service at St Giles Cathedral. (Photo by © Pool Photograph/Corbis/Corbis via Getty Images) ▌ October 1972: Queen Elizabeth II and Prince Philip, the Duke of Edinburgh, walking amongst Highland cattle in the grounds of Balmoral Castle, Scotland. Prince Albert purchased Balmoral Castle in 1846 and the small castle, which stood in the 7,000 hectare wooded estate, was redeveloped in the 1850s. Predominantly built of granite, it was designed by the Aberdeen architect William Smith with suggestions from Prince Albert himself, who decided the interior decoration should represent a Highland shooting box with tartan or thistle chintzes, and walls decorated with trophies and weapons. Queen Victoria often visited the Highlands with her family, especially after Albertfs death, and the building is still a popular retreat for the present royal family. (Photo by Fox Photos/Getty Images) ▌ ROYAUME-UNI - 11 MAI: La Reine Elizabeth et son epoux le Duc D'Edimbourg rient a gorge deployee devant une acrobatie a la corde effectuee par deux jeunes recrues lors de leur visite d'un camp militaire au Pays de Galles le 11 mai 1963 au Royaume-Uni. (Photo by Keystone-France\Gamma-Rapho via Getty Images) ▌ 28th January 1961: Queen Elizabeth II shares a joke with husband Prince Philip, Duke of Edinburgh and Indian Prime Minister Pandit Nehru (1889 - 1964) during a National Cadet Corps rally in New Delhi. (Photo by Central Press/Getty Images) ▌ LONDON, UNITED KINGDOM - JULY 06: Queen Elizabeth II Laughing As She Walks With Prince Philip In His Panama Sunhat After Opening The Fountain Built In Memory Of Diana, Princess Of Wales, In London's Hyde Park. (Photo by Tim Graham Photo Library via Getty Images) ▌ Philip Mountbatten, duc d'Edimbourg, et la reine Elisabeth II retournent vers leur bateau le Britannia lors de leur visite officielle au Poirtugal. (Photo by Keystone-France\Gamma-Rapho via Getty Images) ▌ BATHURST, GAMBIE - 05 DECEMBRE : La Reine Elizabeth fraichement debarquee du Britannia, le paquebot royal, avec le Prince Philip pour un voyage officiel en Gambie, est accueillie par le Gouverneur Sir Edward Windley le 5 decembre 1961 a Bathurst, Gambie. (Photo by Keystone-France\Gamma-Rapho via Getty Images) ▌ ASCOT, ROYAUME-UNI - 18 JUIN: La Reine Elizabeth et le Duc D'Edimbourg font un tour en caleche sur le champ de course hippique le 18 juin 1963 a Ascot, Royaume-Uni. (Photo by Keystone-France\Gamma-Rapho via Getty Images) ▌ The young Princess Elizabeth, later to reign as Queen Elizabeth II, 1928. (Photo by Central Press/Hulton Archive/Getty Images) ▌ LONDRES, ROYAUME-UNI - 26 MAI: Princesse Elisabeth, portant un chapeau au style unique, a son depart a l aeroport accompagnee par le Duc d Edimbourg, le 26 mai 1949 a Londres, Royaume-Uni. (Photo by Keystone-France\Gamma-Rapho via Getty Images) ▌ Queen Elizabeth II at Ventnor during a Royal visit to the Isle of Wight. (Photo by Fox Photos/Getty Images) ▌ Queen Elizabeth II wearing a blue suit and hat during a visit to New Zealand, circa 1977. (Photo by Serge Lemoine/Getty Images) ▌ 10.06.1921- Herzog von Edinburgh, Prinz von GrossbritannienPrinzgemahl Königin Elisabeths II.- in der Uniform eines Marineoffiziers- um 1946 (Photo by ullstein bild/ullstein bild via Getty Images) ▌ Prince Philip sitting atop a car during the Badminton Horse Trials in Gloucestershire on 9th April 1965. (Photo by Ray Bellisario/Popperfoto via Getty Images/Getty Images) ▌ TUVALU - OCTOBER 27: Prince Philip, Duke of Edinburgh, wearing a straw hat relaxes on October 27, 1982 in Tuvalu. (Photo by Anwar Hussein/Getty Images) ▌ UNITED KINGDOM - JUNE 20: Prince Philip (Photo by Tim Graham Photo Library via Getty Images) ▌ GLASGOW, SCOTLAND - AUGUST 2000: Queen Elizabeth II holds a bouquest of flowers during a walkabout in August 2000 in Glasgow, Scotland. (Photo by Anwar Hussein/Getty Images) ▌ HM The Queen Elizabeth II attends the unveiling of the national police memorial designed by Sir Norman Foster. Building work began on June 28 last year, after planning permission was granted by Westminster Council in 2002. A relentless campaign by Michael Winner followed, who formed the Police Memorial Trust after the shooting of PC Yvonne Fletcher outside the Libyan embassy in 1984. (Photo by Mike Marsland/WireImage) ▌ WINDSOR, UNITED KINGDOM - MAY 12: Prince Philip Enjoying His Visit To The Royal Windsor Horse Show, Home Park, Windsor Castle, Berkshire. (Photo by Tim Graham Photo Library via Getty Images) ▌ WINDSOR, ENGLAND - MAY 15: Prince Philip, Duke of Edinburgh at a Carriage Driving event at The Royal Windsor Horse Show on May 15, 2016 in Windsor, England. (Photo by Mark Cuthbert/UK Press via Getty Images) ▌ WINDSOR, ENGLAND - MAY 15: Prince Philip, Duke of Edinburgh at a Carriage Driving event at The Royal Windsor Horse Show on May 15, 2016 in Windsor, England. (Photo by Mark Cuthbert/UK Press via Getty Images) ▌ WINDSOR, ENGLAND - MAY 09: Prince Philip, Duke of Edinburgh watches Lady Louise Windsor compete in the Private Driving Class during the Royal Windsor Horse Show 2019 on May 9, 2019 in Windsor, England. (Photo by Mark Cuthbert/UK Press via Getty Images) ▌

Achevé d'imprimer en octobre 2020 par Denona en Croatie